守门人：引导学生的工作簿

致谢

我想向上帝表达我的感激之情，祂帮助我通过"一个灵"的关系，继续在主耶稣基督的恩典和知识中成长。有引座员，引座材料，还有帮助我写这本书的母亲。许多其他人提供支持，讨论事情，阅读，写作，提供反馈，让我能够挑选他们的神学大脑，并表现出充满爱的耐心。

我要感谢**我的家人（血液和精神）**，他们通过我从脑部手术中持续和长期的恢复以及写另一本书，不断地支持、祈祷和爱我。这对他们和我来说都是一次长信仰之旅。

我要感谢所有神职人员朋友在神学正确的过程中帮助我。感谢我的各种牧师，多年来，他们每周都为我的灵魂提供喂养。我感谢我所就读的基督教大学的学术交流，他们帮助我在精神上成长，并从不同的角度看待与上帝的关系。

特别感谢我的母亲和招待员（70多年）、亚利桑那州立大学主席玛丽 博尔登、亚利桑那州立大学校长朱莉娅·罗杰斯修女、基甸传教浸信会、安提阿传教浸信会、南凤凰城传教浸信会、朝圣者休息传教浸信会、亚利桑那州联合教会传教士协会和美国全国联合教会传教士协会（NUCUAA）。我将这本书献给国内和国际上的所有迎接者。我为您为我们所有的羊提供出色的服务而鼓掌！还有山羊！哈哈！

我非常感谢认识一些接待员，并被允许参与他们的职能和活动。我是一个被收养的私生子（正如我母亲所说），只是没有真正的招待技巧或职责的招待员！但他们还是爱我。再次感谢你们！我爱你们所有人，向世界见证！

我喜欢这条线，所以我一直在使用它："如果我没有提到你没有把它充到我的心脏，把它充到我的头上，你们都知道我做过脑部手术。"**哈哈**。

我**再次**感谢全能的上帝。他给了我们引领者，他们每周都忠实地打开教会的门，他们也"打开"通往耶稣的道路。

目录

前言

守门人-招待员

"……看门人开门……我就是羊的门……凡从我进来的，必然得救……"（约翰福音 10: 1-10 ）。

守门人是守卫或控制通往某物或某处的通道或入口的人。 守门人还监督、监控或监督人员或信息的流量或流动，或他人的行为，或进入网关的通道。
他们是守护者、监护人、守望者、保护者、守望者、引导者、看守人、看守人、看守人、看守人、哨兵或大门或入口的看守人。

在旧约中，看门人很容易被称为某些地方入口的守卫或保安，"……看门人呼唤看门人，说："看哪，又有一个人独自跑……"（撒母耳记下 18:26 NASB ）；或城市，"……他们来呼唤城的看门人……"（列王纪下 7:10 -11 NASB ）；或房屋，"……看守的奴隶女孩

守门人，就像现代的招待员一样，守卫着寺庙的入口。 "……他安置耶和华殿的门卫，免得不洁净的人进入……"（历代志下 23:19 ）。 "……四大看门人，就是利未人，……在神殿的宝库中……"（历代志上 9:26 ）。 "……马大尼、巴布家、俄巴底亚、米书兰、塔门和亚谷是看守城门仓的守门人……"（尼希米记 12:25 NASB ）。

守门人/看门人如此重要，以至于整个利未家族、家族或部落都被分配到办公室的职责，并在城门口积极参与。 "……以下是看门人的划分：来自可拉人……俄别以东的儿子，也是看门人，……神丰富地祝福了俄别以东。 俄别以东的儿子示玛雅的儿子有很大的能力，他们在家族中赢得了很大的权威地位。 ……所有这些俄别以东的后裔，包括他们的儿子和孙子--总共有六十二个--都是非常有能力的人，非常适合他们的工作。 米示利米亚的十八个儿子和亲戚也是非常有能力的人……何撒的儿子和亲戚担任守门人，总共有十三个。 这些看门人的分支是以他们的家族领袖命名的，他们和其他利未人一样，在耶和华的殿中服侍。 他们是由家庭分配到各个大门的守卫职责，不考虑年龄或训练，因为这一切都是通过神圣的地段来决定的

东门的责任落在米设勒米雅和他的团队身上。 北门被分配给他的儿子撒迦利亚，一个具有非凡智慧的人。 南门通往俄别以东，他的儿子们被派去管理仓库。

舒平(Shuppim)和 何沙(Hosah)被分配到西门和通往圣殿的大门。 警卫职责分工均匀。 每天有六个利未人被派到东门，四个到北门，四个到南门，两对在仓库。 每天有六人被分配到西门，四人被分配到通往圣殿的大门，两人被分配到庭院。 这些是可拉和米拉利家族的守门人…… "（历代志上 26: 1-19 ）。

"……他们和他们的儿子看守耶和华殿的门，就是帐棚的殿。 守门的人在四面，向东、向西、向北、向南…… "（历代志上 9:23 -24 ）。

守门人与看门人、搬运工、看门人或迎宾员相同。 这本书基本上将守门人视为当今引领者的同义词，并将交替使用这两个词。
因此，我正在写这本书，并将其献给引领者！

守门人或领路人是指在「神的殿」入口处观看，打开或关闭，或监视，或在入口或门户维持秩序的人。

守门人或领班的主要职责之一是打开门，或打开门，或打开道路，保持敬畏或秩序。在旧约中，有各种各样的门。守门人大多是守卫，但他们必须值得信赖，警惕，非常警惕。"…门卫是沙龙、阿库、塔尔蒙、亚希曼和他们的亲戚（首领沙龙一直驻扎在东面的王门前）。他们是利未子孙营的守门人。可拉的儿子，以比亚萨的儿子，亚伯拉罕的儿子，亚伯拉罕的儿子沙龙和他父亲家族的亲戚，可拉人，管理事工，看守帐篷的门槛；他们的祖宗看守耶和华的营，看守入口。以前以利亚撒的儿子非尼哈作他们的王，耶和华与他同在。米示利米雅的儿子撒迦利亚是会幕门口的看门人。所有这些在门槛上被选为守门人的人都是 212 人。这些人被大卫和先知撒母耳委派到他们村庄的族谱登记……"（历代志上 9:17 -22 ）。

有一次，有二百一十二个守门人被拣选和按立；他们在一个"信托办公室"。」（历代志上 9:22 ）。

尼希米所建造的第一批被派往新城门的人中，有一些是看门人（尼希米记 7: 1 ）。"……墙被重建的时候……我……把门和守门的人……"（尼希米记 7: 1-3 ）。

在城市向公众开放或寺庙开放服务之前，门卫就驻扎在入口处。"……在城门口看守的守门人，亚谷、塔门和他们的弟兄共有 172 人……"（尼希米记 11:19 ）。

门卫是寺庙工作人员中活跃而突出的一部分。他们看守所有的房间，房间里的贵重物品，并拥有所有的钥匙（历代志上 9:26 ；尼希米记 12:47 ）。

历史上曾经有一段时间，守门人是进入圣地的唯一途径，就像耶稣一样。"……在天下人间，没有赐下别的名（道），叫我们得救……"（徒 4:12 ）。

门卫的职位或事工，现在是引领者，是耶稣如何成为通往神的唯一道路的视觉象征。"……我就是门……"（约翰福音 10: 1-10 ）。"……耶稣对他说，我就是道路……若不藉着我，没有人能到父那里去……"（约翰福音 14 ： 6 ）。

如果有人试图以任何其他方式进入圣殿/教会或获得救赎，除了通过大门或耶稣基督，这是错误的方式。"……我就是门……"（约翰福音 10: 1-10 ）。"……救恩不在别人身上……"（使徒行传 4:12 ）。

穿过门卫是进入大门和寺庙/教堂的唯一途径。"……我为祂的身体，就是教会，尽我的一份……"（歌罗西书 1:24 NASB ）。

今天的寺庙/教堂不是建筑物，而是人。"……你们的身体就是在你们里面的圣灵的殿……"（哥林多前书 6:19 KJV ）。

耶稣基督是获得救恩和永生的唯一途径。"……救恩不在别人身上……"（使徒行传 4:12 ）。"……耶稣对他说，我就是道路……"（约翰福音 14 ： 6 ）。

过去，只有小偷、强盗、狼、巢穴和假货试图非法溜进大门。"……我实在告诉你们，凡偷偷溜过羊圈的墙壁，而不是穿过大门，必定是贼和强盗！但从门进来的是羊的牧人。看门人为他开门，羊认出他的声音来到他跟前。他叫着自己的羊的名字，领他们出去。他聚集自己的羊群后，走在他们前面，他们跟随他，因为他们知道他的声音。他们不会跟随陌生人；他们会逃避他，因为他们不知道他的声音。"那些听见耶稣用这个比喻的人不明白他的意思，所以他向他们解释说：“我实在告诉你们，我就是羊的门。所有在我之前来的人都是小偷和强盗。但真正的羊不听他们的话。是的，我就是大门。凡从我进来的，必然得救……”（约翰福音 10: 1-10）。

上面的比喻是关于牧羊人和羊的。它被比喻为代表基督与信徒的关系。
在这种情况下，代表神子民的绵羊被允许进入或进入羊圈。牧羊人将羊群保护性地关在羊圈里过夜。
羊圈是一个四面墙的围栏，羊在那里聚集和庇护一段时间或过夜。

有些羊圈是石墙，用来保护自己免受狼、“贼和强盗”的侵害（约翰福音 10: 8）。
当然，羊圈有一扇门，作为羊进出羊群的门或入口。“……我就是门：人若进来，我必拯救他，使他出入得草场……”（约翰福音 10：9）。

有趣的是，牧羊人实际上躺在羊圈的门口，所以如果小偷或狼试图进入，他们将不得不爬过牧羊人。“……我为羊舍命……”（约翰福音 10:15 KJV）。

有一会儿，耶稣扮演了牧羊人和守门人的角色。耶稣为了保护羊群，在门口牺牲了自己的生命，将守门/引领提升到了另一个层次。“……人为朋友（羊）舍命，人的爱心没有比这更大的了……”（约翰福音 15:13）。

此时，在圣经中，守门人从单纯的利未人宗教服务或继承的宗教权利，变成了牺牲的基督般的事工。“……大卫吩咐利未人的族长任命他们的亲属……俄别以东和耶利，看门人……”（历代志上 15:16 -18）“……一个人舍命……”（约翰福音 15:13 KJV）。

耶稣展示了他是那种牧羊人和守门人。耶稣的榜样永远彻底改变了看门人或引路人的角色。“……我是好牧人：好牧人为羊舍命（躺在门口）……”（约翰福音 10:11 KJV）。“……基督不喜悦自己……”（罗马书 15: 3 KJV）。“……在这个世界上，我们……要像耶稣……”（约翰一书 4:17）。

耶稣在说守门人或引路人：“……凭着神的怜悯……将你们的身体当作活着的祭献给神……”（罗马书 12: 1 KJV）。“……你们要彼此相爱，像我爱你们一样……”（约翰福音 13:34 -35 KJV）。“……我”放弃了我的生命……没有人把它从我身上夺走，而是“我”（出于选择）放下了自己。“我”有权柄（选择权）放下它，我有权柄（选择权）再次接受它……我从我父领受了这条诫命……”（约翰福音 10:17 -18）。“……我实实在在地告诉你们，你们既然向这其中最小的一个，就是我的……[羊]……你们向我做了……”（马太福音 25:40 KJV）。“……无论〔带领者〕做什么，〔让他或她〕……全心全意地去做，就如同向主，而不是向人……”（歌罗西书 3:23 KJV）。

与耶稣共度时光后，打开了大门，对看门人和领袖来说有了全新的含义。“……我就是羊的门……”（约翰福音 10: 1-10）。

守门人不仅打开了一扇门，而且打开了通往耶稣的道路，耶稣就是那扇门。“……我就是大门。凡从我进来的，必然得救……”（约翰福音 10: 1-10）。“耶稣说……我就是道路（门）……”（约翰福音 14: 6 KJV）。

在与守门人共度美好时光后，耶稣是第一个进入大门的人。“……但从门进来的是羊的牧人……”（约翰福音 10: 1-10）。

因此，耶稣也向看门人表明，"……羊的牧人……"是"……从门进来的……"和"……看门人也……为他开门……"（约翰福音 10: 1-10 NASB）。

耶稣是首席牧羊人，但他也呼召人们成为牧羊人；他们也被称为牧师或长老。"……因此，我劝勉你们中间的长老，作为你们的长老同伴……在你们中间牧养神的羊群，不是在强迫之下，而是根据神的旨意，自愿地进行监督；不是为了肮脏的收获，而是渴望；也不是主宰那些分配给你们的人，而是证明是羊群的榜样。当牧首出现时，你将获得永不褪色的荣耀冠冕。……愿平安归与你们所有在基督里的人……"（彼得前书 5: 1-4）。

牧师也"……作为你的长老同伴……"从大门进来，像其他人一样，他们也必须遵循同样的方式。（彼得前书 5: 1-4 NASB）。"……我就是大门。那些通过我（耶稣）进来的人必得救……"（约翰福音 10: 1-10）。"耶稣说……我就是道路……"（约翰福音 14: 6 KJV）。

神将牧羊人指派给他的羊群，这样他的羊群就可以通过他们不断听到"他的"声音。"……我必将合我心意的牧人赐给你们，他们必以知识和悟性引导你们……"（耶利米书 3:15）。
"……他给了一些……牧师（牧羊人）和教师……"（以弗所书 4:11）。

"……我必立牧人牧养他们……耶和华说……"（耶利米书 23: 4 KJV）。"……我必立一个牧人管理他们，牧养他们，就是我的仆人大卫；他必牧养他们，作他们的牧人……"（以西结书 34： 23）。

牧羊人/牧师进入大门，向羊施助，成为神信息的喉舌（声音）。"……看门人为他开门……"（约翰福音 10: 1-10）。

牧羊人向羊传达神的信息。"……羊认出了他的声音，来到他跟前。他叫着自己的羊的名字，领他们出去。他聚集自己的羊群后，走在他们前面，他们跟随他，因为他们知道他的声音。他们不会跟随陌生人；他们会逃避他，因为他们不认识他的声音……"（约翰福音 10: 1-10）。

"……看门人开门……我就是羊的门……凡从我进来的，必然得救……"（约翰福音 10: 1-10）。

彭萨科拉杰斐逊博士
雅达辅导事工
他心中的喉舌
马里兰州科尔顿角

如何使用本学习指南

本学习指南是为所有渴望通过基督重建、更新或加强与神关系的引导者而写的。 希望你可以将此工作簿用作单独或小组学习的灵修指南，或用于每周的圣经学习。 这些主题是针对通过基督作为引导者与神的关系，除非另有说明，否则经文取自詹姆士王版本。 问题旨在鼓励作为基督徒引导者的精神成长和发展。 本研究分为几章，旨在通过你作为引导者的职业，了解你通过基督与神的关系，从而促进真正的转变。 所有问题都附有建议的答案或经文，但它们可以在圣灵引导你时添加、阐述、更改、改变或修改。 为所有问题提供了圣经，以突出该问题潜在答案的重点，但请在您计划与本学习指南一起使用的任何版本的圣经中自行查找每节经文。 不要急于完成本研究。 请花时间思考和冥想每个章节和问题。 除非另有说明，否则詹姆斯王版本是本工作簿最常用的版本。 每章之后可能有空白页面可用于添加备注。

一旦我发现基督徒的旅程实际上是一种关系而不是一种宗教系统，我的生活就完全改变了。 这是个人的努力。 在这种关系中成长的关键成为个人的工作，其目标是"……认识〔神〕……"（约伯记 22：21）。 因为，"……永生就是叫他们（你们）认识你是独一的真神，也认识你所差来的耶稣基督……"（约翰福音 17：3）。

真正的转变发生在个人特别关注通过基督与神的关系时。 无论你专注于什么，都会成为你的体验。 利用这份祈祷学习，你将通过经文准备好与学习的目的互动，这是通过基督与神建立真实关系的证明。 当个人亲自通过学习神的话语并与他人分享来寻求神时，它将促进他们自己的灵性成长和发展。

工作簿是学习神的话语的有用动力，并侧重于特定主题，这些主题将启发你灵性理解的新领域。 我们经常引用经文，说你将如何认识「他们」（神的子民）「……从他们的果子……」（马太福音 7：16 KJV），但我们真的知道这是什么意思吗？

那是什么水果，会不会显而易见？ 当我看到它时，我真的知道如何识别它吗？ 许多人在理智上知道属神的果子，但在他们自己的生活中没有证据，他们也不经常在别人的生活中认识到这一点。 敬虔的果子不会被隐藏，而且会被清楚地看到。 "……圣灵的果子是爱、喜乐、平安、忍耐、温柔、善良、信心、温柔、节制……"（加拉太书

5:22 -23 KJV）。"……看不见的[灵]……从世界的创造中……被清楚地看到，被创造的事物所理解……"（罗马书 1:20 KJV）。

再一次，"……被造之物清楚地看见，被造之物明白……"（罗马书 1:20 KJV）。上帝使你焕然一新。"所以若有人在基督里，他就是新造的人：旧事都过去了；看哪，万物都成了新的……"（哥林多后书 5:17）。他让你成为全新的这一事实应该被其他人"……清楚地看到……"。

本工作簿可以每天或每周学习，但需要承诺才能从中获得富有成效的收益。养成定期研究这一主题的一贯习惯，将建立、更新或加强亚达关系。
本工作簿的主要目的是使人们认识到基督徒的旅程是通过基督与上帝建立的雅大（合一/盟约/亲密）关系。此外，它还将鼓励人们认识到，什么能证明你通过基督与神建立了雅大关系。你和其他人将能够在你自己的生活中"清楚地看到"神的果子所带来的迹象、奇迹和奇迹。
祝您万事如意，彭萨科拉·杰斐逊博士

思考的食粮
被选为"大门"的守门人

"……在门槛上被拣选为守门的人，共有 212 人……被任命在他们的信托职位上……"（历代志上 9:17 -22）。

我写这本书是因为我的母亲和她所有的招待员同志。她从五岁起就一直是看门人或接待员。我不会告诉她的年龄，因为她的孙子最近在脸书上做了这件事，她对此大惊小怪。但是，我会说她已经引领了半个多世纪。哈哈。

我很清楚，当我和母亲一起回顾我的生活时；她被选为引导者。从现在开始，我将可互换地使用看门人和迎宾员。"……这些被拣选作守门的人……"（历代志上 9:17 -22）。

她是神所拣选的。"……凡照自己旨意行事的，……"（以弗所书 1:11）。

上帝清楚地让他的每个孩子都知道，选择是他的主意，而不是他们的主意。"……但你们是蒙拣选的子民……"（彼得前书 2:9）。

我的母亲没有被选为接待员，因为她有资格，但上帝让她有资格，因为"他"选择了她！神论到以色列说："因为你是耶和华你神的圣民；耶和华你神拣选你作自己的特殊民……"（申命记 7:6）。

成为守门人或引路人的召唤是基于神的主权旨意。"……他遵照自己的旨意行事……"（以弗所书 1:11）。

像耶稣一样，带领者来到世上"……要遵行差人……〔他们〕……的旨意"（约翰福音 4:34 KJV）。为了神预定的目的，引领者被派遣并被拣选去遵行祂的旨意。"……按照……〔神的〕……目的被预立……"（以弗所书 1:11）。

耶稣对神说："……不是照我的意思，乃是照你的意思……"（马太福音 6:10 ）。大多数真正的引导者会同意"……无论神意欲什么，我都会去做……"（雅各书 4:15 ）。"……如果主愿意，〔真正的引导者〕……就会活着，做这个或那个……"（雅各书 4:15 KJV ）。

底线是上帝选择了引导者！！为了神的目的，引领者在教会中有神所命定的角色。他们"……是照着〔祂的〕……目的……预定的"（以弗所书 1:11 KJV ）。

事实上，神亲自拣选了他们每个人，"……在创立世界之前……"（以弗所书 1: 4 ）。基督的身体需要知道，神设立了看门人或领袖的角色。因此，"……〔引领者〕是按照〔祂的〕……目的……预先注定的"（以弗所书 1:11 KJV ）。

因此，这是一个荣誉的职位。上帝赋予人们的角色带着他的荣耀印在它上面，并嵌入其中。"……没有人把荣耀归给自己，而是在神呼召他时接受荣耀，就像亚伦一样。……」（彼得前书 2:17 KJV ）。"……他赐给一些人作使徒，一些人作先知，一些人作传福音的人，一些人作牧师和教师……"（以弗所书 4:11 NASB ）。"……没有权柄（角色、职位等）'除了'来自神，那些存在的都是由神设立的……"（罗马书 13: 1 NASB ）。"……神赐给我们许多特殊的能力（如引导），……他赐给别人特殊的信心，也赐给别人医治病人的能力。祂将行神迹的能力赐给一些人，也赐给其他人预言和讲道的能力。他让别人有能力知道邪灵是否通过那些声称传递神信息的人说话，或者是否真的是神的灵在说话。还有一个人能用他从未学过的语言说话；其他人也不知道这种语言，他们有能力理解他在说什么。圣灵赐下所有这些恩赐和能力，决定我们每个人应该拥有哪些恩赐和能力……（哥林多前书 12: 4-11 ）。

"……没有人会选择这个受人尊敬的职位。他被上帝呼召，就像亚伦一样。基督也没有自命为大祭司，而是被那一位所分别……"（希伯来书 5: 4-6 ）。

神首先通过救恩拣选引领者。"若不是差我来的父，没有人能到我这里来吸引他"（约翰福音 6： 44 ）。

他通过信心与引领者建立个人关系。"……与神的正确关系……来自信心……"（罗马书 4:13 NASB ）。"……你们得救是本乎恩，也因着信……"（弗 2: 8-9 ）。

引领者不必满足任何特殊的标准，上帝才能选择他们。然而，神的爱拣选了他们每个人，并指定他们为引导者！"……耶和华你的神拣选你作自己的特殊子民……"（申命记 7: 6 ）。

引导者与被神拣选毫无关系。"……不是你们拣选了我，是我拣选了你们，派你们去结果子……"（约翰福音 15:16 ）。上帝是至高无上的引导者选择者。

然而，引领者必须藉着信心回应或回应神对他们生命的呼召。"……选择你们今天要服侍的人……。"（约书亚记 24:15 KJV ）。

作为引导者，对召唤的回应很重要，因为这是任务开始的地方。"……弟兄们，凭着神的怜悯，将你们的身体当作活祭献上，是圣洁的，是神所喜悦的，是你们合理的服务……"（罗马书 12: 1 KJV ）。

引导者被召唤去服侍，就像耶稣一样。耶稣说："……来不是要受人服侍，而是要服侍人，并以自己的生命为许多人的赎价……"（马太福音 20:28 NIV）。"……因为我从天上降下来，不是要遵行自己的旨意，乃是要遵行差我来者的旨意"（约翰福音 6：38）。"……然后耶稣解释说："我的营养来自遵行差我来的神的旨意，并完成他的工作……"（约翰福音 4:34 NLT）。

引导者必须密切关注耶稣如何学会服侍。耶稣说，神"……凡他自己所做的，……"（约翰福音 5:20 KJV）和"……无论父做什么，子也照样做……"（约翰福音 5:19）和"……子凭着自己不能做什么……"（约翰福音 5:19 KJV）。耶稣"……降卑自己，顺服到死地，就是十字架的死"（腓立比书 2:8）。

如果耶稣不能做事工的工作，没有神，引导者也不能。引领者意识到"……他（或她）……与主相连…… [和] ……是一个灵…… [与耶稣] ……"（哥林多前书 6:17 KJV）。

"……除了我（耶稣），〔带领者〕……什么也做不了……"（约翰福音 15：5 NIV）。"……〔带领者〕……可以藉着基督做一切使……〔他们〕坚固的事……。」（腓立比书 4:13 KJV）。

当神选择一个男人或女人做引导者时，他会为他们做好准备。奴役要求有罪的肉体死亡。"〔因为〕……肉欲敌挡圣灵，圣灵敌挡肉体，彼此相反，使你们不能作所愿意作的事……"（加拉太书 5:17）。
肉体通过"……性不道德、不纯洁和放荡；偶像崇拜和巫术；仇恨、不和谐、嫉妒、愤怒、自私的野心、纠纷、派系和嫉妒；醉酒、狂欢……"（加拉太书 5:19 -21 NIV）来识别。而且，它通过以下行为被识别……"通奸、淫乱、不洁、淫乱、偶像崇拜、巫术、仇恨、差异、仿效、忿怒、冲突、煽动、异端、嫉妒、谋杀、醉酒、狂欢"（加拉太书 5:19 -21 KJV）。

此外，"……他们虽然知道神的律例，行这样的事的人就该死，他们不但行这样的事，而且衷心赞许行这样的事的人"（罗马书 1:32）。心常常被"……邪恶的思想、谋杀、奸淫、淫乱、偷窃、作假见证、亵渎……"（马太福音 15:19 KJV）玷污。

接待员必须像其他人一样为他们的召唤做好准备。"……谁能说：'我洁净了我的心；我洁净了我的罪。」（箴言 20：9 KJV）。

无论人们允许什么，没有可接受的罪。然而，有些罪已经变得如此"普遍"，很难将教会和世俗社会区分开来。

圣经警告神的所有仆人，他们的心是极其邪恶和欺骗的（耶利米书 17：9）。

绝望的邪恶之心可以让你相信，在别人的背后说话、自私、坚持不饶恕、背叛、说些小"善意的谎言、婚外性行为、叛逆、骄傲、固执、虚伪、贪婪、虚伪的态度、粗鲁、愤怒的爆发、自以为是、卑鄙、评判、态度不好、麻烦制造者、操纵他人、虐待和参与其他秘密罪并不是那么糟糕。一点点罪仍然是一些罪。

圣经说："你们信不信，试试自己，试试自己。难道你们自己不知道耶稣基督在你们里面吗？除非你们是被弃绝的"（哥林多后书 13：5）。
"一点点"罪仍然是"一些"罪。"我们若说自己没有罪，就是自欺，真理不在我们心里"（约翰一书 1：8）。

无论你如何把上面的罪恶清单美化或尽量减少它们的邪恶地位；它们仍然是神的罪。有些人想要保持他们罪恶的方式和神。 你不能把神的圣洁方式和神的公义要求混为一谈，以适应你的罪恶生活方式。 "……因为公义与不公义有什么相交……？（哥林多后书 6:14 KJV）。

神的标准只是圣洁。 激活你对基督的信心，走在祂神圣的道路上，是唯一值得召唤的道路。 "……因此，我……恳求你们行事为人，与蒙召的呼召相称……"（以弗所书 4: 1 NASB）。 "……你们要行事为人配得上基督的福音……"（腓立比书 1:27）。 "……行事为人要配得耶和华，在各方面讨祂的喜悦……"（歌罗西书 1:10）。 "……正如你们接受基督耶稣为你们的主，你们必须继续跟随他……"（歌罗西书 2:6）。 "……行事为人要配得上那召你们的神……"（帖撒罗尼迦前书 2:12）。 "……你们应当行走，得神的喜悦……"（帖撒罗尼迦前书 4: 1 KJV）。

"弟兄们，你们要谨慎，免得你们中间有不信的恶心离开永生神"（希伯来书 3：12）。

圣洁等同于……荣耀……，……公义……，……平安……，……真理……，……纯洁的思想……，……生命……，……纯洁……，……财富……，……光明……，……爱……，……稳定……，……圣洁的主权……，…善良……，……智慧……，……常在的内住的灵……,洁净……，……怜悯……，…恩典……，…宽恕……,忠信……，…圣灵的能力……，…喜乐……，…正义……，……雄伟的光……
"……圣哉，圣哉，圣哉，万军之耶和华，他的荣光充满全地……（以赛亚书 6: 3）。 "……主啊……因为唯有你是圣洁的……（启示录 15: 4 KJV）。……要圣洁，因为我是圣洁的……（彼得前书 1:16 KJV）。……要效法〔耶稣〕……（希伯来书 12:14；以弗所书 5: 1 ASV）。

引导者最初可能会回应使徒保罗： "……因为我知道在我里面（也就是在我的肉体里）没有好东西：因为意志与我同在；但是如何行善，我找不到。 为了我所不愿意作的善事，却为了我所不愿意作的恶事。 我若不作，就不再作，乃是住在我里面的罪了"（罗马书 7:18 -20）。

被选中的引座员如何处理他们的旧本性？ 问题变成了： "古实人能改变他的皮肤吗？豹子能改变他的斑点吗？那么，你们也可以行善，因为你们习惯行恶……"（耶利米书 13:23 KJV）。

神帮助他们，神拣选带领者，立刻改变他们的身份。 神说， "……但……引领者是] ……一个被拣选的世代，一个王室的祭司，一个圣洁的国家，一个特殊的民族；……〔他们〕……要传扬那召唤〔他们〕的人的赞美……从黑暗中进入他奇妙的光中……"（彼得前书 2: 9 KJV）。

引领者 "在" 基督里，已经成为一个新的创造。 神拣选引导者，创造他们；奇迹般地重生（哥林多后书 5:17）。 "……〔引领者是〕……新造的人：旧事都过去了；看哪，万事都变成新的了……"（哥林多后书 5:17）。

神内住的圣灵使引领者完全配得上他们的新呼召。 "因为神在他们里面作工……立志行事，为要成就他的美意"（腓立比书 2:13）。 "愿赐平安的神……那伟大的牧羊人……装备〔引路人〕……一切行他旨意的善事，在〔引路人〕……作他所喜悦的事，借着耶稣基督，愿荣耀归给他，直到永永远远。 阿们」（希伯来书 13:20 -21）。

神赋予引导者"……赐下……他们的心……献上[他们的]……身体……遵守[他的]……诚命……住在[他的]……爱中……[以便][他们的]……喜乐可以保持……[他们将]在我们的主和救主耶稣基督的恩典和知识中成长……"（箴言 23:26，罗马书 12:1，约翰福音 14:15，约翰福音 15:10 -11 和彼得后书 3:18 KJV ）。

引领者借着内住圣灵的能力，能够「……行走在生命的新生中……"（罗马书 6: 4 KJV ）。
一旦神选择了一个引导者，他就开始教导、训练、纠正和惩戒他们的呼召（提摩太后书 1: 9 ）。"所有的经文都是神所默示的，对教义、责备、纠正、教导义都是有益的……"（提摩太后书 3:16 KJV ）。

引领者开始了终身的旅程，学习在世界奠基之前"在基督里被拣选"意味着什么（以弗所书 1: 4 ）。

引导者了解到，〔没有任何东西〕能够〔将〕〔他们〕……与神的爱，也就是〔在〕基督里的爱〔分开〕〔罗马书 8:38 -39 〕。〔引导者〕得救赎……〔和〕罪的赦免……在基督里（以弗所书 1: 7 ）。引领者现在在神"在基督里"（哥林多后书 5:21 ）面前是无罪的，他们是神的义……"在基督里"（哥林多后书 5:21 ）。

此外，带领者得知他们是"在"基督里的新造物（哥林多后书 5:17 ）。他们因"信"基督而成为神的儿女（加拉太书 3:26 ）。引导者在地上「在」基督里时，坐在天上的地方（以弗所书 2： 6 ）。神的应许是肯定的，并且"在"基督里（哥林多后书 1:20 ）。引领者在基督里被圣化（哥林多前书 1: 2 ）。他们所有的需求都"在"基督里得到满足（腓立比书 4:19 ）。神的平安将使他们的心思意念"在"基督里（腓立比书 4: 7 ）。他们在基督里有永生（罗马书 6:23 ），他们在基督里复活（哥林多前书 15:22 ）。这些益处在基督里持续不断。

此外，神的引导者是独一无二的，你们将认识他们"……凭着他们的果子……每一棵好树都结好果子……因为一棵好树不能结坏果子，一棵朽坏的树也不能结好果子。凡不结好果子的树，都要砍下来，扔在火里。因此，凭着他们的果子，你们必认识他们……"（马太福音 7： 16-22 ）。

"……这些……[是那种引导者]……被拣选为守门人……[并]……被任命担任他们的信任职务……"（历代志上 9:17 -22 NASB ）。

祝您万事如意，
彭萨科拉博士

第 1 章

守门人：目的/利未人；
"……他们……掌管耶和华殿的门……"（历代志上 9:23 -24 ）。"……这些是〔受派的，利未的〕……氏族的守门人……"（历代志上 26: 1-19 NASB ）。

经文："他们……掌管城门……看守城门的人……。（历代志上 9:23 -24； 26: 1-19 NASB ）。

课程的目的或目标： 了解引导者的众多目的及其一些历史渊源。

应用课程： 从内到外实践圣经原则，以服务于引导者的众多目的。

主题讨论： 了解引领者的众多目的，并了解他们如何从利未人那里获得历史渊源：引领者的目的之一是打开教会的大门，为崇拜体验做准备。 引导者保护、监督和维持进出避难所的交通流量秩序。 "……马大尼、巴布家、俄巴底亚、米书兰、塔门和亚谷是守门的人……" （尼希米记 12:25 NASB ）。 很容易将引导者视为理所当然，并对他们在教会中的角色感到自满。 "……出于对基督耶稣的信心，你们都是神的儿女。 ……没有…… [重要或不重要的职位]：因为你们在基督耶稣里都是一体……" （加拉太书 3:26 -28 KJV ）。 "……神不偏待人……" （使徒行传 10:34 -36 ）。

"……神不尊重人……" （使徒行传 10:34 -36 ）。 引导者是那些为了维持秩序和确保牧师能够不受干扰地向会众和访客传讲福音信息而安排进出圣殿的人。 "……他安置耶和华殿的门卫，免得不洁净的人进入……" （历代志下 23:19 ）。 引座员的目的也是为了给人留下第一印象，希望这能为每个人的崇拜体验定下基调。 "……在这个世界上，我们像耶稣……" （约翰一书 4:17 ）。 他们以热情、基督般的方式行事，并提供任何必要的帮助。

"……因此，我……恳求你们行事为人，与蒙召的呼召相称……" （以弗所书 4: 1 NASB ）。 "……行事为人要配得上那召你们的神……" （帖撒罗尼迦前书 2:12 ）。 引导者警惕那些进出圣殿的人，同时保持仆人的态度，维持秩序，消除潜在的干扰，取悦神，并尽可能让会众或访客感到舒适。 "……行事为人要配得耶和华，在各方面讨祂的喜悦……" （歌罗西书 1:10 ）。

"……你们应当行走，得神的喜悦……" （帖撒罗尼迦前书 4: 1 KJV ）。 因此，迎宾员的目的是协助定期会众和访客保持有序的服务和敬拜体验。 "……神不是作乱的神，乃是平安的神……" （哥林多前书 14:33 ）。 "……让所有事情都有条不紊地做……」 （哥林多前书 14:40 KJV ）。 此外，引领者正在以实际、基督般的方式施助他人。

"……正如每个男人（或女人）都接受了恩赐（作为引导者），同样也要彼此服侍，作为神多重恩典的好管家……" （彼得前书 4:10 KJV ）。 通过热情的欢迎、握手问候、敞开大门、微笑的面孔、护送人们到他们的座位、满足他们的需求（风扇、节目、收藏信封等）、帮助那些有"特殊"需求的人、在必要时协助主吃晚餐、看守停车场或帮助接受奉献来引导那些进出教会的人。 "……即使如此，彼此施助……" （彼得前书 4:10 KJV ）。

在服务之前，一些迎宾员会检查，确保每个长凳上都有圣经和赞美诗。 其他人检查洗手间或分发每周教会公告。 还有一些人可能会回答会众或访客的问题，并在必要时陪同他们去托儿所或不同的主日学校课程。 "……各人怎样领受这恩赐，牧师也照样领受……" （彼得前书 4:10 ）。 关于利未人：利未人是利未的后裔，利未人是父系祖先雅各的后裔和儿子。 利未人通过展示敬虔的平安、祝福和和谐的服务，体现了神的旨意。 利未人奇迹般地服侍神。 他们与束缚和异教徒影响的局限性作斗争，以维护和遵守代表神和以色列人之间关系的盟约价值观。 利未人被神"分别出来"，是因为他们的顺服、忠于圣约、献祭的承诺，并成为以色列的祝福。 "……对你忠心的仆人利未人……利未人遵守了你的话，守了你的约。 他们对你比对自己的父母更忠诚……他们将你的律例教导雅各，将你的训诲传给以色列。 耶和华啊，求你赐福给利未人，领受他们手所做的一切……"（申命记 33: 8-11 ）。 "神殿"的看守人和祭司的助手碰巧也是利未人。

然而，利未支派内部的某些氏族被赋予了守门的职责。 "……他们和他们的儿子看守耶和华殿的门，就是帐棚的殿。 守门的人在四面，向东、向西、向北、向南……"（历代志上 9:23 -24 ）。 利未人被"分别出来"，作为初熟的庄稼赐给神，或代替以色列人初熟的庄稼赐给神。 把「初熟的果子」赐给神，是感谢以色列人所领受的一切祝福的记号。 "……利未人必须为我保留，代替以色列的长子；我是耶和华。 ……于是摩西照着耶和华所吩咐的，数点以色列人的长子。 一月龄或以上的长子数量为 22,273 个。 耶和华对摩西说： "你要取利未人代替以色列人的长子。 ……利未人属我，我是耶和华……"（民数记 3:41:45 ）。 作为回报， "……耶和华的祭司职任（圣殿服务）……是他们（利未人）的产业……"（约书亚记 18: 7 KJV ）。

他们是神所信赖和拣选的仆人，以维持信仰的实践和生活方式。 利未人继承了官员、法官、教师、音乐家、执法人员和守门人的圣殿服务，他们协助祭司。 "……其中有二万四千人要监督耶和华殿的工作；六千人是军官和法官，四千人是看门人，四千人是用大卫为赞美而制造的工具赞美耶和华……"（历代志上 23: 4-5 ）。 "……祭司、利未人、看门人、乐师和圣殿的仆人，以及一些百姓和其余的以色列人，都住在自己的城里……"（尼希米记 7： 73 ）。

利未人甚至负责搬运帐幕及其所有器皿或家具，因为他们在旷野中从一个地方游荡到另一个地方。 圣殿的功能是利未人的全部服务和责任。 利未人是以色列支派中一个独特的、"与众不同的"支派。 他们基本上与寺庙及其服务有关。 守门人守卫着寺庙，打开了通往寺庙的道路，并监督着与之相关的大门。 与所有利未人的职位一样，守门人通过履行对神的服侍，为圣殿崇拜做出了重要贡献。 利未人的守门人奉献给主的工作。 这是通过神圣的约会对神的献祭，可以代代相传。 利未人通过看门人的位置守卫、保护和监视圣殿的入口。 引路人是现代的守门人，并继续履行与利未家族类似的服务。今天的引领者的主要目的是作为利未人（我的话）的一个部落，在全国各地的耶和华的殿中共同服务。

引座员的目的
1.什么是目的？ 接待员的目的有哪些？， "……马大尼、巴布家、俄巴底亚、米书兰、塔门和亚谷是守门的人……"（尼希米记 12:25 NASB ）。 引导者实际上是做什么的？ "……神在教会里立了一些人，先是使徒，后是使徒……然后是……帮助的恩赐……"（哥林多前书 12:28 KJV ）。 "……他安置耶和华殿的门卫，免得不洁净的人进入……"（历代志下 23:19 ）。

____
____
____

2.引领者的角色是否比教会中的任何其他角色更重要？ 为什么或为什么没有？ "……出于对基督耶稣的信心，你们都是神的儿女。 ……没有…… [重要或不重要的职位]：因为你们在基督耶稣里都是一体……"（加拉太书 3:26 -28 KJV ）。 "……神不偏待人……"（使徒行传 10:34 -36 ）。 "……神不尊重人……"（使徒行传 10:34 -36 ）。 "……他赐给一些人作使徒，一些人作先知，一些人作传福音的人，还有一些人作牧师和教师 [还有一些"领袖"] ……"（以弗所书 4： 11 NASB ）。 "……上帝赐给我们许多特殊能力（例如引导）…… 圣灵赐下所有这些恩赐和能力，决定我们每个人应该拥有哪些恩赐和能力……（哥林多前书 12:4-11 ）。

____

____

____

3.引导者应该如何行事？ "……耶稣对他说……凡看见我的，就是看见了父……"
（约翰福音 14：9）。 "子是神荣耀的光辉，是神本体的精确代表……"（希伯来书 1：
3 KJV）。 "……在这个世界上，我们像耶稣……"（约翰一书 4:17）。 "……这
些…… [是那种引导者] ……被拣选为守门人…… [并] ……被任命担任他们的信任职
务……"（历代志上 9:17 -22 NASB）。 圣经中关于引领者以基督般的方式行事的说法
是什么？ "……因此，我……恳求你们行事为人，与蒙召的呼召相称……"（以弗所
书 4: 1 NASB）。 "……行事为人要配得上那召你们的神……"（帖撒罗尼迦前书
2:12）。 "……行事为人要配得耶和华，在各方面讨祂的喜悦……"（歌罗西书
1:10）。 "……你们应当行走，得神的喜悦……"（帖撒罗尼迦前书 4: 1 KJV）。

____

____

____

4.引座员保持秩序。 在教会中，秩序是上帝的旨意吗？ 根据圣经进行解释。 "……神
不是作乱的神，乃是平安的神……"（哥林多前书 14:33）。 "……让所有事情都有
条不紊地做……」（哥林多前书 14:40 KJV）。 是否也在引领一个事工？ 根据圣经进
行解释。 "……正如每个男人（或女人）都接受了恩赐（作为引导者），也要彼此服
侍，作为神多重恩典的好管家……"（彼得前书 4:10 KJV）。 "……彼此服侍……也
要彼此服侍……"（彼得前书 4:10 KJV）。 "……各人怎样领受这恩赐，牧师也照样
领受……"（彼得前书 4:10）。

____

____

____

5. 接待员首先"服务"的是谁？ 他或她首先是事奉神。 "……无论〔带领者〕做什么，
〔让他或她〕……全心全意地做，像对待主一样，而不是对待人……"（歌罗西书
3:23 KJV）。 "……知道你们因事奉主基督，必从主那里得着产业的赏赐……"（歌
罗西书 3:24 KJV）。 引导者应该像服侍主一样服侍人吗？ 是的。请解释。他们首先是
事奉耶和华，而不是事奉百姓。 "凡……〔领路人所作的〕……〔让他们〕……都要
衷心行事，好像向主行事，不向人行事……"（歌罗西书 3:23 KJV）。 "……我们主
耶稣基督的父神是应当称颂的，祂是怜悯的父，是一切安慰的神，在我们一切苦难中
安慰我们，使我们能够用我们自己所得到的安慰来安慰那些受苦的人……我们的安慰
因基督而丰盛。……"（哥林多后书 1: 3-5 NASB）。

____

____

____

6.只是引导人履行职责，还是圣灵"在"和"通过"引导人工作？ 根据圣经进行解释。
"……上帝赐给我们许多特殊能力（例如引导）…… 圣灵赐下所有这些恩赐和能力，
决定我们每个人应该拥有哪些恩赐和能力……"（哥林多前书 12: 4-11）。 "……若有
人没有基督的灵，他就不是他的……"（罗马书 8:9）。 "……因为凡被神的灵引导
的，都是神的儿女……"（罗马书 8: 1-14）。 "……除了我（耶稣，内住的灵），
你什么也不能做……"（约翰福音 15: 5 NIV）。 "……耶稣基督在你们里面……"
（哥林多后书 13: 5 KJV）。 "……基督在你们里面……"（歌罗西书 1:27）。
"……神的灵住在你们里面？」（哥林多前书 3:16 KJV）。 "……因为神在你们里面
作工，为要成就他的美意"（腓立比书 2:13）。

____

____

____

____

利未人； USHERITES

在继续下一组问题之前，请阅读并讨论以下部分：无论其他部落或氏族如何懈怠，利未人忠实地"保持"圣殿的运作，照顾家具，仔细处理圣器，管理所有的工作，并监督法律的适当管理。 "……对你忠心的仆人利未人……利未人……守了你的约……"（申命记 33: 8-11）。 引导者提醒人们，利未家族被称为守门人的忠实服务。 "……写给你忠心的仆人利未人……"（申命记 33: 8-11）。

引导者是教会大门的忠实守护者。 引领者树立了谦卑事奉耶和华和祂子民的榜样。 "……你忠心的仆人……"（申命记 33: 8-11 NLT）。 引导者是管理我们召唤责任的榜样，也是我们对神忠心服务的启示。 "……赐福给利未人……"（申命记 33: 8-11）。 招待员是现代的守门人，也被召唤为教会服务。 他们也是我称之为利未人的一种家族。 "……赐福给利未人（亚设人）的事工……"（申命记 33: 8-11）。 利未人是一个有组织的基督徒团体。 "……在这个世界上，我们像耶稣……"（约翰一书 4:17）。 他们致力于履行教会接待员的服务和责任。 "……愿……神……借着耶稣基督，在〔引路人〕……作他所喜悦的事……"（希伯来书 13:20 -21）。 他们通过在服务期间练习温柔和谦卑，形成了成为基督般的生活方式。 "……这心要在你们里面，就是在基督耶稣里面……"（腓立比书 2: 5）。 "……我心里温柔谦卑……"（马太福音 11:29）。 作为一个家族，忠诚的引领者，致力于必要的培训，以掌握处理教会崇拜期间可能出现的情况或情况的技能。 "……无论你们在言语或行为上做什么，都要奉主耶稣的名行事……"（歌罗西书 3:17 KJV）。 "……专心服从，敬畏神……"（歌罗西书 3:22 KJV）。 现代亚设家族是一个联合家族，不分种族、性别或宗派，在全国范围内推广亚设家族。 "……神不偏待人……"（使徒行传 10:34 -36）。 "……神不尊重人……"（使徒行传 10:34 -36）。

"……既没有犹太人，也没有希腊人，……〔我们〕……在基督里都是'一'……。」（加拉太书 3:26 -28 KJV）。 利未人也是一个相互支持的家族。 他们是一个开放且乐于互相帮助的群体。 "……一切安慰的神是应当称颂的，祂在我们一切苦难中安慰我们，使我们能够用自己所受的安慰来安慰那些受苦的人。……"（哥林多后书 1: 3-5 NASB）。 亚设人不仅在那里为教会服务，而且还在那里为彼此服务。 "……你们要彼此相爱，像我爱你们一样……"（约翰福音 13：34-35）。 "……你们若有彼此相爱的心，众人因此就知道你们是我的门徒……"（约翰福音 13：34-35）。 "……圣灵所结的果子就是爱……"（加拉太书 5:22 -23 KJV）。 "……我父因此得荣耀，因为你们多结果子，所以证明你们是我的门徒"（约翰福音 15: 8）。 亚设人在他们的家庭教会和他们当地的姊妹教会彼此相交。 "……不要离弃……我们聚集在一起……"（希伯来书 10:25 KJV）。 利未人是一个庞大的氏族，由全国各地的基督徒男女组成。 "……若有人没有基督的灵，他就不是他的……"（罗马书 8: 9 KJV）。 "……信主耶稣基督，你就必得救……"（使徒行传 16:31 KJV）。 我的母亲是亚利桑那州联合教会领袖协会（United Church Ushers of Arizona）的成员，该协会是西部地区会议和美国联合教会领袖协会（NUCUAA）的一部分。 这些组织支持、鼓励并赋予他们权力，让他们能够走到一起，保持团结，保持他们的工艺新鲜，并互相支持。 "……神不是作乱的神，乃是平安的神……"（哥林多前书 14:33）。 利未人在每年的利未人日子里彼此参与并互相奖学金。 "……不是放弃我们聚集在一起的方式，而是彼此劝勉……"（希伯来书 10:25 KJV）。 招待员将来自全国各地的当地教堂，参加"堕落"招待员的葬礼仪式。 "……你们当将所当得的赐给众人：……若得荣耀，就当荣耀……"（罗马书 13: 7 ）。利未人每年会在他们所在城市的 George T. School of 引领聚集三到四个月，以保持他们的技能和技巧的敏锐和新鲜，并培训新的和即将到来的引领者。 "……善人的脚步是耶和华所吩咐的……"（诗篇 37:23 -40 ）。

利未人通过他们的着装要求，他们的沉默标志和信号，他们实践的引导职位，通过跟随引导者，履行他们的许多教会职责或责任，以及通过定期和忠实地在教会门口展示他们的凝聚力，团队努力和秩序"……让所有事情都做得体面和并然有序……。」（哥林多前书 14:40 KJV ）。 亚设人和利未人一样，被神"分别出来"，成为基督身体的祝福。 "……对你忠心的仆人利未人……利未人听从你的话，谨守你的约。 他们对你比对自己的父母更忠心……他们将你的律例教导雅各，将你的命令传给以色列。 主啊，祝福利未人的事工，并接受他们手中的一切工作……"（申命记 33: 8-11 NLT ）。仆人也被选为"神的殿"的看守人和牧职人员的助手。

7.利未人是谁？ "……对你忠心的仆人利未人……利未人遵守了你的话，守了你的约。他们对你比对自己的父母更忠心……他们将你的律例教导雅各，将你的命令传给以色列。 耶和华啊，求你赐福给利未人，领受他们手所做的一切……"（申命记 33: 8-11 ）。 "……他们和他们的儿子看守耶和华殿的门，就是帐棚的殿。 守门的人在四面，向东、向西、向北、向南……"（历代志上 9:23 -24 ）。

____

____

____

8.神是否"分派"利未人去服事他的旨意？ 根据圣经进行解释。 "……利未人必须为我保留，代替以色列的长子；我是耶和华。 ……于是摩西照着耶和华所吩咐的，数点以色列人的长子。 一月龄或以上的长子数量为 22,273 个。 耶和华对摩西说："你要取利未人代替以色列人的长子。 ……利未人属于我；我是耶和华……"（民数记 3:41:45 NLT ）。作为回报，" ……耶和华的祭司职任（圣殿服务）……是他们（利未人）的产业……"（约书亚记 18: 7 KJV ）。

____

____

____

9.守门与历代志上中的其他寺庙服务一起命名？ "……其中有二万四千人要监督耶和华殿的工作；六千人是官长和审判官，四千人是看门人，四千人是用大卫为赞美所制造的工具赞美耶和华……"（历代志上 23: 4-5 ）。 "……祭司、利未人、看门人、乐师和圣殿的仆人，以及一些百姓和其余的以色列人，都住在自己的城里……"（尼希米记 7： 73 ）。

____

____

____

10.利未人的主要特征之一是什么？ "……对你忠心的仆人利未人……利未人……守了你的约……"（申命记 33: 8-11 ）。 "……给你忠心的仆人利未人……"（申命记 33: 8-11 NLT ）。 "……你的忠心的仆人……"（申命记 33: 8-11 NLT ）。 上帝保佑利未人的事工吗？ "……祝福利未人的事工……"（申命记 33: 8-11 NLT ）。

____

____

____

11.我给现代的迎宾员取名为利未人。 利未人是否也被"分开"来专门服务于神的目的？解释。 "……对你忠心的仆人利未人（现代先知）……利未人听从了你的话，守了你的约。 他们对你比对自己的父母更忠心……他们将你的律例教导雅各，将你的命令传给以色列。 耶和华啊，求你赐福给利未人，领受他们手所做的一切……"（申命记 33：8-11）。

12.当今的利未人是如何为教会服务的？ "……你们要彼此相爱，像我爱你们一样……"（约翰福音 13： 34-35）。 "……你们若有彼此相爱的心，众人因此就知道你们是我的门徒……"（约翰福音 13： 34-35）。 "……圣灵所结的果子就是爱……"（加拉太书 5:22 -23 KJV）。 "……我父因此得荣耀，因为你们多结果子，所以证明你们是我的门徒"（约翰福音 15:8）。 为了彼此相爱和彼此相爱，引导者们一起做什么？ "……不要……我们聚集在一起……"（希伯来书 10:25 KJV）。

13.贵族为何参与仪式实践？ "……你们当将所当得的赐给众人：……若得荣耀，就当荣耀……"（罗马书 13:7）。 利未人为何就读于引领学校？ "……善人的脚步是耶和华所吩咐的……"（诗篇 37:23 -40）。利未人保持他们的技能是有凝聚力的，并保持"什么"为上帝？ 亚舍利人通过他们的着装规范，他们的沉默标志和信号，他们实践的亚舍利立场，通过跟随主管，履行他们的许多教会职责或责任，以及定期和忠实地在教会门口展示他们的凝聚力"……让所有事情都做得体面有序……。」（哥林多前书 14:40 KJV）。

14.为什么利未人和引领者都被视为守门人？ "……他们和他们的儿子看守耶和华殿的门，就是帐棚的殿。 守门的人在四面，向东、向西、向北、向南……"（历代志上 9:23 -24）。

15.引领者的角色是牺牲者的角色吗？ 引导者应该对他或她的角色采取什么态度？ "……弟兄们，凭着神的怜悯，将你们的身体当作活祭献上，是圣洁的，是神所喜悦的，是你们合理的服务……"（罗马书 12:1 KJV）。 "……我要遵守你的律法；是的，我要一心遵守……"（诗 119:34 KJV）。

16.接待员的角色并不总是容易获得回报。 引领者应该期待他或她的奖赏从何而来？ "…… [引领者的]父亲若在暗中看见，就要"奖赏"[他们] ……公开地……。」（马太福音 6:18 KJV）。 "……他的主人对他说：'你这又良善又忠心的仆人，做得好！你在几件事上忠心，我必立你作许多事的主人。你进去，享受你主人的快乐吧……"（马太福音 25： 21）。

17.上帝是否能够奖励招待员的牺牲服务？ "……现在归给那能作大事胜过〔领袖〕一切的，……照〔他们〕所行的大能祈求或思想"（以弗所书 3:20 KJV）。

18.上帝为什么要奖励引座员？ "耶和华是我的牧者，我必不至缺乏。 他使我躺卧在青草地上，领我到平静的水边。 他使我的灵魂苏醒。他为自己的名引导我走义路。我虽然行过死荫的幽谷，也不怕遭害，因为你与我同在；你的杖，你的杖，都安慰我。 在我敌人面前，你为我摆设筵席。你用油膏了我的头，使我的福杯满溢。 我一生一世必有恩惠和怜悯跟随我，我要住在耶和华的殿中，直到永远"（诗篇 23 篇）。 "……他们的父……要公开地……赏赐他们……」（马太福音 6:18 KJV）。

19.利未人和现代引领者还有什么共同之处？ "……利未人必须为我保留，代替以色列的长子；我是耶和华。 ……于是摩西照着耶和华所吩咐的，数点以色列人的长子。 一月龄或以上的长子数量为 22,273 个。 耶和华对摩西说："你要取利未人代替以色列人的长子。 ……利未人属我，我是耶和华……"（民数记 3:41:45）。 作为回报，"……耶和华的祭司职任（圣殿服务）……是他们（利未人）的产业……"（约书亚记 18: 7 KJV）。 "……其中有二万四千人要监督耶和华殿的工作；六千人是官长和审判官，四千人是看门人，四千人是用大卫为赞美所制造的工具赞美耶和华……"（历代志上 23: 4-5）。 "……祭司、利未人、看门人、乐师和圣殿的仆人，以及一些百姓和其余的以色列人，都住在自己的城里……"（尼希米记 7：73）。

其他教师备注：

目的：虽然圣经中没有提到实际的"引领者"一词，但"看门人"是同义词。 像看门人这样的接待员为教会、会众和游客提供了非常宝贵的服务。 "……他们和他们的儿子看守耶和华殿的门，就是帐棚的殿。 守门的人在四面，向东、向西、向北、向南……"（历代志上 9:23 -24）。 引领者最大的特质之一是，无论他们的感受如何或正在经历什么，他们在教会门口代表耶稣。 "……在这个世界上，我们像耶稣……"（约翰一书 4:17）。 引座员是教会的面孔和态度。 他们每周都有责任成为人们在来去时遇到的第一个面孔和第一个态度。 "……耶稣对他说……凡看见我的，就是看见了父……"（约翰福音 14: 9）。

如果您注意到，大多数（不是全部）招待员通常都是微笑、友好、亲切、光荣、穿制服、善良、忠诚、像仆人一样和蔼可亲。 "子是神荣耀的光辉，是神本体的精确代表"（希伯来书 1: 3 KJV）。 成为引导者就是要处于信任的位置。 "……这些……[是那种引导者]……被拣选为守门人……[并]……被任命担任他们的信任职务……"（历代志上 9:17 -22 NASB）。 看来，引领者的心必须是友善、诚实、谦卑、明智的，并且是为主服务的。 "……无论〔引领者〕做什么，〔让他或她〕……全心全意地去做，像对待主一样，而不是对待人……"（歌罗西书 3:23 KJV）。 "……知道你们因服事主基督，必从主得着产业的赏赐……"（歌罗西书 3:24 KJV）。 此外，引导者必须对人有爱心，并真诚地尊重在神的殿中保持敬畏和敬拜的秩序。

"……你们若有彼此相爱的心，众人就知道你们是我的门徒……"（约翰福音 13：35）。 "……〔耶稣〕……告诉他们，'把这些东西拿出去。 别把我父亲的房子变成市场！然后，他的门徒从圣经中记住了这个预言： "对神殿的热情会吞噬我……"（约翰福音 2:16 -17 NLT）。 引领的目的是神给他们的任务。 "……他赐给一些人作使徒，一些人作先知，一些人作传福音的人，还有一些人作牧师和教师…… [还有一些"领袖"] ……"（以弗所书 4： 11 NASB）。 "……上帝赐给我们许多特殊能力（例如引导）…… 圣灵赐下所有这些恩赐和能力，决定我们每个人应该拥有哪些恩赐和能力……（哥林多前书 12: 4-11）。 "……神在教会里立了一些人，先是使徒，后是使徒……然后是……帮助的恩赐……"（哥林多前书 12:28 KJV）。 招待员的"主要"目的是成为一名守门人，打开教堂的门，并允许人们进出圣殿。 "……他们……掌管耶和华殿的门……"（历代志上 9:23 -24）。 然而，在引导者的位置上嵌入了一个安慰照顾者的事工。

"……我们主耶稣基督的父神是应当称颂的，祂是怜悯的父，是一切安慰的神，在我们一切苦难中安慰我们，使我们能够用我们自己所得到的安慰来安慰那些受苦的人……我们的安慰因基督而丰盛。……"（哥林多后书 1: 3-5 NASB）。 引导者是一种照顾者，为了神的荣耀而安静地、恭敬地为人民服务！"无论……〔带领者〕做什么，……〔让他们〕……全心全意地去做，像对待主一样，而不是对待人……"（歌罗西书 3:23 KJV）。 引领者不仅仅是一个教会职位，而是神赐予的"属灵"召唤、生活方式和事工。 "……上帝赐给我们许多特殊能力（例如引导）…… 圣灵赐下所有这些恩赐和能力，决定我们每个人应该拥有哪些恩赐和能力……（哥林多前书 12: 4-11）。 因此，真正的引导者必须是基督徒，并充满内住的圣灵。 "……若有人没有基督的灵，他就不是他的……"（罗马书 8: 9）。 "……因为凡被神的灵引导的，都是神的儿女……"（罗马书 8: 1-14）。

"……除了我（耶稣，内住的灵），你什么也不能做……"（约翰福音 15: 5 NIV）。 "……耶稣基督在你们里面……"（哥林多后书 13: 5 KJV）。 "……基督在你们里面……"（歌罗西书 1:27）。 "……神的灵住在你们里面？」（哥林多前书 3:16 KJV）。 "……因为神在你们里面作工，为要成就他的美意"（腓立比书 2:13）。 招待员的目的是巨大的！！ 主特别召唤他们，指派他们去服侍安慰进出圣殿的人！"……神在教会里立了一些人，先是使徒，后是使徒……然后是……帮助的恩赐……"（哥林多前书 12:28 KJV）。 引导者必须完全依靠主来真正地履行他们每周的召唤责任。 "……凡在〔他们〕里面'开始'善工的，……就必'行'，直到耶稣基督的日子……"（腓立比书 1: 6 KJV）。 引领者将他们的身体和心灵奉献给上帝。 "……弟兄们，凭着神的怜悯，将你们的身体当作活祭献上，是圣洁的，是神所喜悦的，也是你们合理的服务……"（罗马书 12: 1 KJV）。 "……我要遵守你的律法；是的，我要一心遵守……"（诗 119: 34 KJV）。 如果您的教堂有招待员；每周都有一个在门口。 他们是忠诚的，往往被忽视的主的仆人。 然而，神注意到他们！ "……在暗中看见的〔引路人的〕父，要……公开地……"奖赏"〔他们〕……。」（马太福音 6:18 KJV）。

"……他的主人对他说： '你这又良善又忠心的仆人，做得好！你在几件事上忠心，我必立你作许多事的主人。你进去，享受你主人的快乐吧……"（马太福音 25： 21）。 上帝是那位召唤并指派引导者的人。 上帝会奖励、照顾他们的需求，并公开祝福「祂的」引领者！！！ "……现在归给那能作大事胜过〔领袖〕一切的，……照〔他们〕

所行的大能祈求或思想"（以弗所书 3:20 KJV）。 因为他们服务于他的目的，引导者
可以说："耶和华是我的牧者，我必不至缺乏。 他使我躺卧在青草地上，领我到平静
的水边。 他使我的灵魂苏醒。他为自己的名引导我走义路。 我虽然行过死荫的幽谷，
也不怕遭害。因为你与我同在。你的杖，你的杖，都安慰我。 在我敌人面前，你为我
摆设筵席。你用油膏了我的头，使我的福杯满溢。 我一生一世必有恩惠和怜悯跟随我，
我要住在耶和华的殿中，直到永远"（诗篇 23 篇）。" ……他们的父……要公开
地……赏赐他们……」（马太福音 6:18 KJV）。

利未人：一些利未部落被赋予守门人的职责，我们在现代的利未人中仍然看到他们！
"……耶和华啊，祝福利未人（亚设人）的事工，接受他们手中的一切工作……"
（申命记 33: 8-11 NLT）。因此，他们被拣选为"神的殿"的看守人和祭司的助手，而
祭司恰好也是利未人。 利未支派内部的某些氏族被赋予了守门的职责。 "……以下是
看门人的划分：来自可拉人……俄别以东的儿子，也是看门人， ……神丰富地祝福了
俄别以东。 俄别以东的儿子示玛雅的儿子有很大的能力，他们在家族中赢得了很大的
权威地位。 ……所有这些俄别以东的后裔，包括他们的儿子和孙子--总共有六十二个--
都是非常有能力的人，非常适合他们的工作。 米设勒米亚的十八个儿子和亲戚也是非
常有能力的人……何撒的儿子和亲戚担任守门人，总共有十三个。

这些看门人的分支是以他们的家族领袖命名的，他们和其他利未人一样，在耶和华的
殿中服侍。 他们由家庭分配到各个门口守卫，不考虑年龄或训练，因为这一切都是通
过神圣的抽签来决定的。 东门的责任落在米设勒米雅和他的团队身上。 北门被分配给
他的儿子撒迦利亚，一个具有非凡智慧的人。 南门通往俄别以东，他的儿子们被派去
管理仓库。舒平 (Shuppim)和 何沙(Hosah)被分配到西门和通往圣殿的大门。 警卫职责
分工均匀。 每天有六个利未人被派到东门，四个到北门，四个到南门，两对在仓库。
每天有六人被分配到西门，四人被分配到通往圣殿的大门，两人被分配到庭院。 这些
是可拉和米拉利家族的守门人…… "（历代志上 26: 1-19）。 "……他们和他们的儿
子看守耶和华殿的门，就是帐棚的殿。 守门的人在四面，东、西、北、南…… "（历
代志上 9:23 -24）。利未人被"分别出来"，献给神，作为收割的第一个果子，或代
替以色列人收割的第一个果子。 把「初熟的果子」赐给神，是感谢以色列人所领受的
一切祝福的记号。 "……利未人必须为我保留，代替以色列的长子；我是耶和
华。 ……于是摩西照着耶和华所吩咐的，数点以色列人的长子。 一月龄或以上的长子
数量为 22,273 个。 耶和华对摩西说："你要取利未人代替以色列人的长子。 ……利
未人属我，我是耶和华…… "（民数记 3:41:45）。 作为回报， "……耶和华的祭司
职任（圣殿服务） ……是他们（利未人）的产业……"（约书亚记 18: 7 KJV）。 他
们是神所信赖和拣选的仆人，以维持信仰的实践和生活方式。 利未人继承了官员、法
官、教师、音乐家、执法人员和守门人的圣殿服务，他们协助祭司。 "……其中有二
万四千人要监督耶和华殿的工作；六千人是军官和法官，四千人是看门人，四千人是
用大卫为赞美而制造的工具赞美耶和华…… "（历代志上 23: 4-5）。 "……祭司、
利未人、看门人、乐师和圣殿的仆人，以及一些百姓和其余的以色列人，都住在自己
的城里……"（尼希米记 7： 73）。 今天的引领者的主要目的是共同服务，就像利
未人在旧约中所做的那样。 他们是现代的利未人（我的话）。

第 2 章
"……在神面前谦卑自己。……"（雅各书 4: 7 NLT ）。

圣经： "……你们要自卑……"（雅各书 4: 7 NLT ）。

课程的目的或目标： 学习实用和圣经的方法，选择谦卑自己，成为神所召唤的积极引导者。

应用课程： 在现实生活中作为引导者的角色中实际练习谦逊。

主题讨论： 学习"谦卑"的含义，并选择将敬虔的谦卑应用到你的引导者召唤中：
"……谦卑是我在引导者中最喜欢的特质之一。 为了成为引导者，谦卑是召唤的重要组成部分。 成为引领者的召唤也是神给教会的礼物。 "……以下是基督赐给教会的恩赐：使徒、先知、传福音者和牧师……教师…… [和领袖]。……」（以弗所书 4:11 -12 NLT ）。 "……以下是神为教会指定的一些部分：首先是使徒，第二是先知，第三是教师，然后是那些……可以帮助他人（引导）的人……"（哥林多前书 12:28 NLT ）。

"……恩赐各有不同，但圣灵是一样的……"（哥林多前书 12: 4 KJV ）。 "……他（耶稣）……赐礼物给男人（和女人）……"（以弗所书 4: 8 KJV ）。 每一个召唤，包括引领，都有一个中心焦点。 "……装备神的子民做他的工作，建立教会，基督的身体……"（以弗所书 4:11 -12 NLT ）。 神的话语也必须是每一个召唤的中心焦点，包括用户的呼召。 "……这律法书不可离开你的口，总要昼夜思想，好使你谨守遵行这书上所写的一切话；这样，你的道路就必亨通，就必亨通……"（约书亚记 1: 9 ）。 "……他们喜爱耶和华的律法，昼夜思想……"（诗篇 1: 2 ）。 此外，引导者需要通过引导培训来了解自己的主要职责。 "……我的生命对我毫无价值，除非我用它来完成主耶稣指派给我的工作--〔引导和显示〕别人关于神奇妙恩典的好消息的工作……"

（使徒行传 20:24 NLT）。"……正如各人所领受的恩赐，……彼此相助，作神多重恩典的好管家……"（彼得前书 4:10 KJV）。"……他拯救了我们，召唤我们过圣洁的生活--不是因为我们所做的一切，而是因为他自己的目的……"（提摩太后书 1:9）。"……无论你们做什么，都要全心全意地为主而行，不要为人而行……"（歌罗西书 3:23 KJV）。

"……你的手无论做什么，都要尽力而为……"（传道书 9:10）。我母亲每年都参加乔治·T·格里尔（George T. Grier）的引领学校。引导者学习引导位置，如何向主管提交，如何收集产品，正确进行仪式性葬礼，演习，地板演示，当地和国家指南，信号和标志以及适当的制服着装要求。神呼召人带领，并期望他们谦卑地行走。「……谦卑地行走……」（弥迦书 6:8 NLT）。亚瑟代表他们所服务的教会，最重要的是，他们的救主耶稣基督。"……百姓啊，耶和华已经指示你们什么是好的，这就是他要求你们的：行公义，爱怜悯（恩典），谦卑地与你们的神同行……"（弥迦书 6:8 NLT）。"……人哪，他指示你何为善；耶和华向你所求的，不过是施行公义，喜爱怜悯（恩典），存谦卑的心与你的神同行。」（弥迦书 6:8 KJV）。

所有引领者在耶稣基督里都有自己的榜样或模板。"……在这个世界上，我们像耶稣……"（约翰一书 4:17）。引领者应该以体贴、仁慈和谦卑的态度行事并履行他们的责任，"……让这心在你里面，这心也在基督耶稣里……"（腓立比书 2:5 KJV）。"……我心里温柔谦卑……"（马太福音 11:29）。"……在这个世界上，我们像耶稣……"（约翰一书 4:17）。人们会通过与引座员的互动见证他们的果实。"……你们必凭着他们的果子认识他们……"（马太福音 7:16 KJV）。

"……每棵好树都结好果子……好树不能结坏果子，败坏的树也不能结好果子。因此，凭着他们的果子，你们必认识他们……"（马太福音 7：16-22）。

谦逊

1. 谦卑这个词在圣经中的含义是什么？谦逊是"所有"上帝的子民都应该表现出来的东西吗？"……所以，要穿上怜悯、仁慈、谦卑、温柔、忍耐的心肠，作神所拣选的，圣洁可爱的……"（歌罗西书 3:12 KJV）。如果耶稣来服侍，祂的子民也应该准备好服侍吗？"……〔耶稣〕……来不是要受人服侍，而是要服侍人，并以自己的生命为许多人的赎价。」（马太福音 20:28 NIV）。

"……在这个世界上，我们像耶稣……"（约翰一书 4:17）。为了抑制自私的野心、自负或骄傲的争斗，所有神的仆人都需要什么样的态度？"……就在逾越节前夕。耶稣知道他离开这个世界，去见父的时候到了。他曾经爱过自己在世界上的人，他爱他们到最后。晚餐正在进行中，魔鬼已经促使加略人西门之子犹大出卖耶稣。耶稣知道父已经把万物交在他的权下，他已经从神那里来，正在归向神；所以他从饭后站起来，脱下外衣，用毛巾裹住他的腰。之后，他往盆里倒水，开始洗门徒的脚，用裹在他身上的毛巾擦干。他来到西门彼得那里，西门彼得对他说："主啊，你要洗我的脚吗？耶稣回答说："你现在不明白我在做什么，但后来你会明白的。"不，"彼得说，"你永远不可以洗我的脚。耶稣回答说："我若不洗你，你就与我无干了。"然后，主啊，"西门彼得回答说，"不仅仅是我的脚，还有我的手和我的头！耶稣回答说："洗澡的人只需要洗脚；他们全身都是干净的。你们是干净的，虽然不是每个人都是干净的。11 因为他知道谁要出卖他，所以说，不是每个人都是洁净的。

洗完脚后，他穿上衣服，回到了自己的地方。"你明白我为你做了什么吗？"他问他们。"你叫我'老师'和'主'，这是正确的，因为这就是我。现在我，你们的主，你们的老师，给你们洗了脚，你们也当彼此洗脚。 我给你树立了一个榜样，你应该像我为你做的那样去做。 我实实在在告诉你们，仆人没有比主人大的，使者也没有比差他来的更大的……"（约翰福音 1: 1-16）。

____

____

____

2.个人应该被传唤到接待员的办公室，还是应该自己来？ "……神在教会里立了一些人，先是使徒，后是使徒……然后是……帮助的恩赐……"（哥林多前书 12:28 KJV）。 "……以下是基督赐给教会的恩赐：使徒、先知、传福音者和牧师……教师…… [和领袖]。 」（以弗所书 4:11 -12 NLT）。 "……以下是神为教会指定的一些部分：首先是使徒，第二是先知，第三是教师，然后是那些……可以帮助他人（引导）的人……"（哥林多前书 12:28 NLT）。 "……恩赐各有不同，但圣灵是一样的……"（哥林多前书 12: 4 KJV）。 "……他（耶稣）……赐礼物给男人（和女人）……"（以弗所书 4: 8 KJV）。 谦虚对接待员办公室很重要吗？ 为什么或者为什么不呢？ "……在这世上……像耶稣……一样……"（约翰一书 4:17）。 "……让这[谦卑]……记在[他们]里面，这[他们]也在基督耶稣里……"（腓立比书 2: 5 KJV）。 "……我心里温柔谦卑……"（马太福音 11:29）。

____

____

____

3.内住的圣灵"在"和"通过"引导者做了哪些工作？ "……现在神赐给我们许多特殊能力（角色），但同样的圣灵是所有这些能力的源头。 对神有不同种类的服务……但正是同一位神在我们所有属祂的人身上"做"这项工作。 圣灵通过我们每个人"显示"神的能力……"（哥林多前书 12: 4-11 NLT）。 "……我的生命对我毫无价值，除非我用它来完成主耶稣指派给我的工作--〔引导和显示〕别人关于神奇妙恩典的好消息的工作……"（使徒行传 20:24 NLT）。 "……正如各人所领受的恩赐，……彼此相助，作神多重恩典的好管家……"（彼得前书 4:10 KJV）。 "……他拯救了我们，召唤我们过圣洁的生活--不是因为我们所做的一切，而是因为他自己的目的……"（提摩太后书 1: 9）。 "……无论你们做什么，都要全心全意地为主而行，不要为人而行……"（歌罗西书 3:23 KJV）。 "……你的手无论做什么，都要尽力而为……"（传道书 9:10）。

____

____

____

4.当引导者做神的工作时，要记住的一个重要目标是什么？ "……装备神的子民做他的工作，建立教会，基督的身体……"（以弗所书 4:11 -12 NLT）。 引导培训是否应该鼓励引导者除了学习神迹和仪式之外，还要学习神的话语？ "……这律法书不可离开你的口，总要昼夜思想，好使你谨守遵行这书上所写的一切话；这样，你必使你的道路亨通，也必亨通……"（约书亚记 1: 9）。 "……他们喜爱耶和华的律法，昼夜思想……"（诗篇 1: 2）。

____

____

____

5.有领袖蒙召要谦卑吗？ 「……谦卑地行走……」（弥迦书 6: 8 NLT）。 "……百姓啊，耶和华已经指示你们什么是好的，这就是他要求你们的：行公义，爱怜悯（恩典），谦卑地与你们的神同行……"（弥迦书 6: 8 NLT）。 "……人哪，他指示你何为善；耶和华向你所求的，不过是施行公义，喜爱怜悯（恩典），存谦卑的心与你的神同行。」（弥迦书 6: 8 KJV）。 为什么引导者被要求谦虚？ "……在这个世界上，我们像耶稣……"（约翰一书 4:17）。 "……这心要在你们里面，就是在基督耶稣里面……"（腓立比书 2: 5）。 "……我心里温柔谦卑……"（马太福音 11:29）。 "……在这世上……像耶稣……一样……"（约翰一书 4:17）。 您如何知道接待员不仅仅知道他或她的召唤的迹象和仪式？ "……你们必凭着他们的果子认识他们……"（马太福音 7:16 KJV）。 "……每棵好树都结好果子……好树不能结坏果子，败坏的树也不能结好果子。 因此，凭着他们的果子，你们必认识他们……"（马太福音 7: 16-22）。

____

____

____

选择谦卑自己

6.是引导者被迫谦逊，还是他们"选择"谦逊？ "所以你们要自卑，服在神大能的手下……"（彼得前书 5: 6）。 "你们要在耶和华面前自卑，他必叫你们升高"（雅各书 4:10）。 "所以，你们要自卑，服在神大能的手下，到了时候，他必叫你们升高……"（彼得前书 5： 6）。 神要带领人谦卑地行走吗？ 「……谦卑地行走……」（弥迦书 6: 8 NLT）。 "……百姓啊，耶和华已经指示你们什么是好的，这就是他要求你们的：行公义，爱怜悯（恩典），谦卑地与你们的神同行……"（弥迦书 6: 8 NLT）。 "……人哪，他指示你何为善；耶和华向你所求的，不过是施行公义，喜爱怜悯（恩典），存谦卑的心与你的神同行。」（弥迦书 6: 8 KJV）。

____

____

____

7.引导者何时选择谦卑，上帝会帮助他们吗？ "……〔他们〕……藉着基督，凡事都能行，使〔他们〕得力……"（腓立比书 4:13 KJV）。 「……〔耶稣〕……心里温柔谦卑……」（马太福音 11： 29）。 "……在这世上……要……像耶稣……"（约翰一书 4:17）。 "……是神在〔引路人〕中工作……要立志行事，以实现祂的美好旨意……"（腓立比书 2:13）。 "……赐平安的神……那伟大的牧羊人，装备〔引路人〕……一切行祂旨意的善， ……在〔他们〕中工作……藉着耶稣基督，祂所喜悦的，愿荣耀归给祂，直到永永远远。 阿们……"（希伯来书 13:20 -21）。

____

____

____

8.以下哪些经文揭示了耶稣如何谦卑自己？ "……他……跪下来祷告说：'父啊，你若愿意，就把这杯从我这里夺去；但不是我的旨意，乃是你的旨意……'（路加福音 22:42 -43）。 "……服侍人，牺牲自己的生命，为许多人作赎价……。」（马太福音 20:28 NIV）。 "……不是我的旨意，乃是你的旨意……"（路加福音 22:42 -43）。 耶稣说： "……我不求自己的意志……只求那差我来的父的旨意……"（约翰福音 5： 30）。

____

____

____

9.仅仅是人类的努力使引导者成为上帝所命定的引导者，还是内住的圣灵使引导者成为上帝所命定的引导者？ "……现在神赐给我们许多特殊的能力（引导），但同样的圣灵是所有这些能力的源头。 对神有不同种类的服务……但正是同一位神在我们所有属祂的人身上"做"这项工作。 圣灵通过我们每个人"显示"神的能力……赐下所有这些恩赐（引导）和能力（内住的灵）的是同一个也是唯一的圣灵……（哥林多前书 12: 4-11 NLT）。 "……以下是神所指定的部分……"（哥林多前书 12:28 NLT）。 "……他（耶稣）……赐礼物给男人（和女人）……"（以弗所书 4: 8 KJV）。 "……神已经差遣他儿子的灵……进入我们的心……"（加拉太书 4: 6 NASB）。 "……是神在〔引导〕……意志和行动，以实现祂的美好目的……"（腓立比书 2:13 NIV）。

____

____

____

10.在以下经文中，命名主教的一些责任。 "……作为神的管家，主教必须是无可指责的；不是任性的，不是很快就生气，不是给葡萄酒，不是罢工者，而是给肮脏的卢克……"（提多书 1: 7 KJV）。 "……〔主教必须是〕……热情好客，热爱好人，清醒、公正、圣洁、温和，持守所教导的忠实话语……"（提多书 1: 8-11 KJV）。 "……在这个世界上，我们像耶稣……"（约翰一书 4:17）。 "……〔主教〕……也许可以用健全的教义来劝勉和说服反对者，因为有许多不守规矩和徒劳的说话者和欺骗者，特别是那些必须停止割礼的人，他们颠覆了整个房子，教导他们不应该做的事情，为了肮脏的 lucre 的缘故……"（提多书 1: 8-11 KJV）。 使徒保罗告诉提多关于主教的责任是什么？ "……主教作为神的管家，必须是无可指责的……。」（提多书 1: 5-7 KJV）。 "……各人怎样领受恩赐，也要照样彼此服事，作神百般恩典的好管家……"（彼得前书 4： 10）。 为什么主教应该是无可指责的？ "……在世上〔他们〕……是……〔要〕……像耶稣……"（约翰一书 4:17）。

____

____

11.信徒为什么被召唤到上帝规定的位置，他们如何被赋予权力来完成该职位所需的工作？ "……是神在〔祂的百姓中〕作工……立志行事，为要成就祂的美意……"（腓立比书 2:13）。 "……〔神使他们〕……借着他内心的圣灵，以大能的力量得到加强（能力）……"（以弗所书 3:16 KJV）。 "……〔他们〕……可以藉着基督做一切使〔他们〕坚固〔有能力〕的事……。」（腓立比书 4:13 KJV. 没有内住的圣灵，引领者能成为真正有能力的引领者吗？ 为什么或者为什么不呢？ "……除了〔耶稣〕以外，〔他们〕……无能为力……"（约翰福音 15: 5）。 "……现在愿赐平安的神，……那伟大的牧羊人，……装备（赋权）〔他们〕……一切行他旨意的善事，并愿他在〔他们〕中间作工……藉着耶稣基督，凡他所喜悦的，愿荣耀归给他，直到永永远远。阿门"（希伯来书 13:20 -21）。 "……根据〔他们〕的力量……"（以弗所书 3:20 KJV）。 "……凡在〔他们〕里面'开始'善工的，……就必'行'，直到耶稣基督的日子……"（腓立比书 1: 6 KJV）。

____

____

____

12.在与作恶者互动时，引导者是否需要谦卑自己？ 为什么或者为什么不呢？ "……不要为作恶的人烦恼，也不要嫉妒作孽的人。 因为他们必快被砍伐如草，必快被枯干如青菜。 你们要倚靠耶和华，〔继续〕……行善，就必住在地上，也必得饱足。 也要以耶和华为乐。他必将你心里所求的赐给你。 你当将你的道交托耶和华，也当倚靠他，他必成就这事。 他必使公义如光发出，使你的典章如正午发出。 在主里安息，并耐心等候他，不要因他[或她]而烦恼……因为他[或她]在[或她]的道路上繁荣昌盛……因为他带来了邪恶的装置。你们要止住怒气，离弃忿怒。不要自作聪明，行恶。 因为作恶的，必被剪除。惟有等候耶和华的，必承受地土。 因为还有一会儿，恶人必不至于死。是的，你必殷勤地察看他的居所，也必不至于死。 谦卑人必承受地土，以丰盛的平安为乐……” （诗 37: 1-11）。

13.每次有接待员护送您到座位上，或给您一个扇子，或给您一盒纸巾时，他们是在服侍您，是上帝的恩典吗？ “……正如各人所领受的礼物（带领人），也照样……传给别人，作神多重恩典的好管家……” （彼得前书 4:10 KJV）。 “……你们要彼此相爱，像我爱你们一样……”（约翰福音 13： 34-35）。 引领者所做的事情对别人来说可能看起来很小，但上帝是否认为它们很小！！ “……主回答说：“忠心、通情达理的仆人，主人可以把管理其他家庭仆人和喂养他们的责任交给他。 如果主人回来，发现仆人做得很好，就会有奖励。 」（路加福音 12： 42-47）。 “…… ‘做得好，善良忠诚的[女儿，儿子]…… 你在一些事情上忠心耿耿……”（马太福音 25:21 NASB）。 “……〔你们的〕在暗中看见的父，必“赏赐”〔你们〕……公开地……。」（马太福音 6:18 KJV）。

第 3 章

守门人：被召唤服务

“……人子来，不是要受人服侍，乃是要服侍人，又要舍命作多人的赎价……” （马太福音 20： 28）。

"……神在教会里立了一些人，首先是使徒，其次是先知，第三是教师，然后是神迹，然后是……帮助的恩赐……"（哥林多前书 12:28 NLT）。

经文： "……人子来，不是要受人服侍，乃是要服侍人……"（马太福音 20:28）。
"……神在教会里立了一些人，首先是使徒，其次是先知，第三是教师，然后是神迹，然后是……帮助的恩赐……"（哥林多前书 12:28 NLT）。

课程的目的或目标： 学习服务也是一种帮助他人的呼召

应用课程： 以发自内心的方式帮助他人，而不仅仅是在言行上！

主题讨论： 通过对神的服侍来帮助别人，包括牺牲你所有的一切，你拥有的，你做的，你说的，甚至你的穿着：看门人或引导者以及他或她额外的帮助礼物是对教会的祝福。"……神在教会里预备了一些……帮助人的恩赐……"（哥林多前书 12:28 NLT）。帮助的恩赐只在这节经文中找到，根据希腊语翻译，它指的是为救济，或帮助，或支持，或安慰，或照顾。引导者经常以善良、同情、荣誉和优雅来帮助和帮助那些进出圣殿的人。引导者经常在帮助教会、会众和访客的同时扮演照顾者的角色。他们通过向有特殊需要的人提供援助来做到这一点。他们会带来收藏信封、节目、粉丝、kleenex，并护送人们到他们的座位上。他们还协助教会的一些行政事务，如献祭或主的晚餐。接待员"不是"女佣，而是看护者。女佣只是照顾家务，但照顾者"照顾"依赖他们照顾的人的需求。帮助的恩赐是广泛的，可能是大多数上帝赐予的任务的一部分，因为每个信徒都被召唤以某种方式帮助他人。"问我在基督耶稣里帮忙的百基拉和亚居拉……"（罗马书 16: 3 KJV）。"……我要给他造一个配偶……"（创世记 2:18）。"……耶和华啊，求你帮助我……"（诗篇 30:10）。"……你是我的帮助者，我的拯救者……"（诗篇 40:17）。

"……神是我的帮助；耶和华是我灵魂的依靠……"（诗篇 54: 4）。"……信靠耶和华！他是你的帮助者，你的盾牌……"（诗篇 115: 10-11 NLT）。"……你唯一的帮助者……"（何西阿书 13: 9 NASB）。"……帮助者，圣灵……"（约翰福音 14:26 NASB）。"……推基古……是蒙爱的弟兄和忠心的帮助者，与我同工……"（歌罗西书 4: 7 NASB）。神是帮助者。圣灵是帮助者。引座员是助手，此外，引座员也是服务员。他们在生活的各个领域提供服务，包括他们的衣着打扮。当以色列人背信弃义，神使他们复兴时，他描述了"他"如何给他们穿衣。"……我……给你穿上刺绣布，把鼠海豚皮的凉鞋穿在你的脚上；……用细麻布包裹你，用丝绸覆盖你。我用装饰品装饰……你，把手镯戴在手上，项链戴在脖子上。我还在你的鼻孔里戴了一枚戒指，在你的耳朵里戴了一枚耳环，在你的头上戴了一顶漂亮的皇冠。因此，你用金银装饰，你的衣服是细麻布，丝绸和绣花布。你吃了细面粉、蜂蜜和油；所以你非常美丽，晋升为皇室成员。那时，你的名声因你的美貌在列国中传开，因我所赐给你的荣耀，这名声是完全的。"（以西结书 16:10 -13）看看圣经如何描述建造新耶路撒冷的材料（启示录 21: 2 KJV）。"……城墙的建造是碧玉的：这座城市是纯金的，就像透明的玻璃一样。城墙的根基装饰着各种宝石。

引座员被召唤提供帮助

1.是在帮忙送礼物吗？"……神在教会里预备了一些……帮助人的恩赐……"（哥林多前书 12:28 NLT）。定义"帮助"的含义。"列出一些引导者是助手的方式。招待员更像是女佣还是看护人？解释区别。帮助者在主的工作中很重要吗？"……问我在基督耶稣里帮忙的百基拉和亚居拉……"（罗马书 16: 3 KJV）。"……我要给他造一个配偶……"（创世记 2:18）。"……耶和华啊，求你帮助我……"（诗篇 30:10）。

"……你是我的帮助者，我的拯救者……"（诗篇 40:17）。 "……神是我的帮助；耶和华是我灵魂的依靠……"（诗篇 54:4）。 "……信靠耶和华！ 他是你的帮助者，你的盾牌……"（诗篇 115:10-11 NLT）。 "……你唯一的帮助者……"（何西阿书 13:9 NASB）。 "……帮助者，圣灵……"（约翰福音 14:26 NASB）。 "……推基古……是蒙爱的弟兄和忠心的帮助者，与我同工……"（歌罗西书 4:7 NASB）。

____

____

____

2.助手，如引领者，是神的恩赐吗？ 他们如何帮助圣徒？「……〔引导人〕……装备〔通过帮助〕……神的子民做他的工作，建立教会，基督的身体……」（以弗所书 4：11-12）。 上帝是帮助者吗？ "……信靠耶和华！他是帮助你的，是你的盾牌……"（诗篇 115:10-11）。 接待员通过其服务"保持"了什么？ "……神不是作乱的神，乃是平安的神……"（哥林多前书 14:33）。 "……让所有事情都有条不紊地做……」（哥林多前书 14:40 KJV）。 神喜爱一个呼召胜过另一个呼召吗？ "……神不偏待人……"（使徒行传 10:34 -36）。 "……神不尊重人……"（使徒行传 10:34 -36）。"……既没有犹太人，也没有希腊人，既没有束缚，也没有自由，既没有男性，也没有女性……你们在基督里都是'一'……。」（加拉太书 3:26 -28 KJV）。 "……现在神赐给我们许多特殊的能力，但同样的圣灵是所有这些能力的源头。 ……神在我们的生活中有很多工作方式，但正是同一位神在我们所有属祂的人身上做工……正是同一位圣灵赐下所有这些恩赐和能力，决定我们每个人应该拥有哪些恩赐和能力……（哥林多前书 12:4-11 NLT）。

____

____

____

3.神先造亚当，后造夏娃作他的助手。 她的角色不那么重要吗？ 解释。 "……因为亚当首先被造，然后是夏娃……"（提摩太前书 2:13 KJV）。 "……她是神赐予新生命的平等伙伴……"（彼得前书 37 章）。 "……神在教会里立了一些人，首先是使徒，其次是先知，第三是教师，然后是神迹，然后是……帮助的恩赐……"（哥林多前书 12:28 NLT）。 "……神不偏待人……"（使徒行传 10:34 -36）。

____

____

____

4.何时引导他人帮助他人，他们实际上在做什么？ "……正如各人所领受的礼物（带领人），也照样……传给别人，好管家，管理神多方面的恩典……"（彼得前书 4:10 KJV）。 当引领者向他人施助时，他们还会做些什么？ "……你们要彼此相爱，像我爱你们一样……"（约翰福音 13：34-35）。 迎宾员需要具备哪一项重要特质？。"……要求……[引导者]……一个人值得信赖……"（哥林多前书 4:2 NASB）。 神会对一个值得信赖的引导者说什么？ "……主回答说：'忠心、通情达理的仆人，主人可以把管理其他家庭仆人和喂养他们的责任交给他。 如果主人回来，发现仆人做得很好，就会有奖励。 」（路加福音 12：42-47）。 "……'做得好，善良忠诚的[女儿，儿子]…… 你在一些事情上忠心耿耿……"（马太福音 25:21 NASB）。 "……〔你们的〕在暗中看见的父，必"赏赐"〔你们〕……公开地……。」（马太福音 6:18 KJV）。

____

____

____

引座员前来服侍

5.耶稣为什么来？ "……〔耶稣〕来不是要受人服侍，而是要服侍……"（马太福音 20:28 KJV）。 耶稣顺服神，全心全意服事他，这证明了什么？ "……我所做的事，为我作见证，就是父差了我来……"（约翰福音 5:36 KJV）。 除了被神呼召之外，引领者做些什么来准备为他人服务？

____

____

____

6.招待员通常穿着制服？ 神在以色列人恢复归向祂时，对他们做了什么？ "……我……给你穿上刺绣布，把鼠海豚皮的凉鞋穿在你的脚上； ……用细麻布包裹你，用丝绸覆盖你。 我用装饰品装饰……你，把手镯戴在手上，项链戴在脖子上。 我还在你的鼻孔里戴了一枚戒指，在你的耳朵里戴了一枚耳环，在你的头上戴了一顶漂亮的皇冠。 因此，你用金银装饰，你的衣服是细麻布，丝绸和绣花布。 你吃了细面粉、蜂蜜和油；所以你非常美丽，晋升为皇室成员。 那时，你的名声因你的美貌在列国中传开，因我所赐给你的荣耀，这名声是完全的。"（以西结书 16:10 -13） 神怎能给新耶路撒冷穿上衣服呢？ "……城墙是用碧玉建造的，城是精金，如同明净的玻璃。 城墙的根基装饰着各种宝石。 第一个根基是碧玉；第二个是蓝宝石；第三个是玉髓；第四个是翡翠；第五个是红玛瑙；第六个是红宝石；第七个是黄水晶；第八个是水苍玉；第九个是黄玉；第十个是菊花；第十一个是紫水晶。 十二个城门是十二颗珍珠：每一个城门是一颗珍珠；城中的街道是纯金，好像透明的玻璃……"（启示录 21:18 -22）。 招待员制服的一些目的是什么？

____

____

____

7.神在耶稣基督里给了迎接者最好的。 引座员的制服是否说引座员已经决定向上帝尽最大努力作为回报？ 如何？ "……神爱世人，甚至将他的独生子赐给他们……"（约翰福音 3:16 KJV）。 "……所以，在一切事上，要待人（包括神）如同你希望他们（神）待你一样，因为这就是律法和先知……"（马太福音 7:12 NASB）。 是非判断：引领者在生活的各个方面回馈上帝，包括他们的穿着。 "..我们所拥有的一切都来自……[上帝]，我们给……[上帝]……只有……[他]……首先给了我们！（历代志上 29: 1-20 NLT）。 "……我们只给你你第一次给我们的东西！……"（历代志上 29:14 NLT）。 "…… [我们] ……有什么是上帝没有赐予的……[我们]？……"（哥林多前书 4: 7 NLT）。 "……除我以外，你们什么也不能做……"（约翰福音 15: 5）。

____

____

____

8. 利未人不仅仅是给他们的身体穿上制服，而且他们也在穿什么？ "……岂不知你们是神的殿，神的灵住在你们里面吗？」（哥林多前书 3:16 KJV）。 "……大卫王转身对全体会众说……圣殿……不仅仅是给凡人的，而是给主神自己的！[因此，] ……使用我命令的每一种资源， ……有足够的金、银、青铜、铁和木材，以及大量的玛瑙、其他宝石、昂贵的珠宝和各种精美的石头和大理石……除此之外，我还为他的圣殿收集了建筑材料。 我从俄斐捐赠了 112 多吨黄金和 262 吨精制白银…… [此外，人民] ……捐赠了大约 188 吨黄金、10,000 枚金币、375 吨白银、675 吨青铜和 3,750 吨铁。 他们还捐献了许多宝石，存放在耶和华殿的库房里……百姓因献祭而欢喜，因为他们甘心乐意献给耶和华，大卫王也充满了喜乐。 大卫在全会众面前赞美耶和华说：
"耶和华我们列祖以色列的神啊，愿你永永远远得称颂！ 耶和华啊，伟大、权能、荣
耀、得胜和威严都是你的。 耶和华啊，天地万物都是你的，这是你的国度。 我们崇拜
您，因为您是一切的主宰。 财富和荣誉只来自你，因为你统治着一切。 权力和力量掌
握在你的手中，根据你的判断，人们变得伟大并赋予力量。 "我们的神啊，我们感谢
你，赞美你荣耀的名！ 但我是谁，我的子民是谁，我们可以给你任何东西？ 我们所拥
有的一切都来自您，我们只给您最初给我们的东西！ 我们在这里只呆了一会儿，这片
土地上的游客和陌生人就像我们的祖先一样。 我们在地球上的日子就像一个逝去的影
子，很快就消失得无影无踪。

"耶和华我们的神啊，我们为建造尊崇祢圣名的圣殿所收集的这些材料，也是从祢而
来！ 这一切都属于你！ 我知道，我的上帝，当你在那里找到正直时，你会审视我们的
心，并欢欣鼓舞。 你知道我以良好的动机做了这一切，我看到你的人民心甘情愿地欢
乐地献上他们的礼物。 "主啊……请确保他们对你的爱永远不会改变。 "你们要赞美
耶和华你们的神！ "全会众都赞美耶和华……" （历代志上 29：1-20）。 给他们的圣
殿穿上制服如何给神带来荣耀？ "……无论你做什么（包括穿制服），都要为神的荣
耀而做……" （哥林多前书 10:31 NLT）。 "……无论[穿制服]……全心全意地做，像
对待主一样，而不是对待人……" （歌罗西书 3:23 KJV）。 "……这一切都属于你
（上帝）！ （包括招待员穿的衣服）我知道，我的上帝，当你在那里找到正直时，你
会审视我们的心，并欢欣鼓舞。 你知道我做这一切都是有好的动机的……" （历代志
上 29：1-20）。 "……你们要向耶和华尽心（穿你们的制服），不可向人……" （歌
罗西书 3:23）。 领班制服还说，领班来是为了为上帝和他人做些什么？ "……不是来
服侍，而是来服侍……」 （马太福音 20:28 NIV）。

____
____
____

9.引导者通过帮助或工作来服务。 耶稣在地球上工作吗？ 是的。 耶稣说： "……因为
父赐给我要我完成的工作，就是我所做的工作，为我作见证，证明父差了我来……"
（约翰福音 5:36 KJV）。 "……因为我从天上降下来，不是要遵行我的旨意，乃是要
遵行那与我同在之人的旨意……" （约翰福音 6：38）。 耶稣是否从他为神所做的
工中找到了应验？ "……然后耶稣解释说："我的营养来自遵行差我来的神的旨意，
并完成他的工作"（约翰福音 4:34 NLT）。 耶稣在地上的工作证明了什么？ "……我
所行的……工作为我作见证，证明父差了我来……" （约翰福音 5:36 KJV）。

____
____
____

10.除了工作，耶稣还做了什么来证明他是神的私人仆人？ "他虽然作儿子，却学习顺
服……" （希伯来书 5:8）。 耶稣 "……降卑自己，顺服到死地，就是十字架的死"
（腓立比书 2:8 KJV）。 "……全心全意地行事，像对待主，而不是对待人……"
（歌罗西书 3:23 KJV）。 "……顺服……不是用眼睛服务，像讨人喜欢的那样；而是
用单一的心，敬畏（归向）神……" （歌罗西书 3:22 KJV）。

____
____
____

11.引座员在为上帝服务时依赖于谁？ "神在……〔他们〕……中作工，要立志行事，
要成就他的美意" （腓立比书 2:13 NIV）。 "……赐平安的神……那伟大的羊群牧者，

要装备〔领袖〕……一切行他旨意的善事，并愿他借着耶稣基督，在〔他们〕中作他所喜悦的事……"（希伯来书 13:20 -21 NIV）。 "……凡在〔任何引领者〕身上『开始』好『工作』的，……就必『行』，直到『耶稣基督的日子』（腓立比书 1: 6 KJV）。 一个倚靠神的引领者能为他人做什么--透过他们照亮他的光？ "……你们的光要照在人前，叫他们看见你们的善行，也要荣耀你们在天上的父……"（马太福音 5:16）。 "……使万民作我的门徒……"（马太福音 28:19）。 "……教导这些新门徒遵守我赐给你们的一切诫命……"（马太福音 28： 20）。 "门徒就出去，告诉他们所遇见的人，要悔改他们的罪，归向神……"（马可福音 6:12）。 "……门徒到处传道，主就藉着他们作工，用许多神迹证实他们所说的话……。」（马可福音 16:20 NLT）。

____

____

____

12.谁会奖赏引导者对教会的服务？ "……〔引导者的〕父若暗中看见，就要……公开地……"奖励"〔他们〕……。」（马太福音 6:18 KJV）。「……知道从主那里〔他们〕……必得赏赐……」（歌罗西书 3:24 KJV）。 为什么接待员永远不应该看到或让别人觉得他们的召唤比别人少？ "……上帝没有偏袒。 …… "（使徒行传 10:34 -36 NLT）。 "……神不尊重人：……"（使徒行传 10:34 -36）。 "……所以不要容忍任何人在…… [迎接] ……的细节上向你施加压力……不要容忍那些试图控制你生活的人…… 它们有很多热气，仅此而已。他们与生命的源头基督完全脱节，基督将我们团结在一起，祂的气息和血液流经我们。 他是头，我们是身体。 只有在神滋养我们的时候，我们才能在神里面健康地成长。 那么，如果在基督里，你已经把所有自命不凡和幼稚的宗教抛在脑后，你为什么要让自己被它欺负？ "别碰这个！别尝那个！ 不要靠近这里！"你认为今天在这里，明天就消失的东西，值得你这么关注吗？ 如果用足够深沉的声音说这些话，听起来令人印象深刻。 他们甚至给人一种虔诚、谦卑和禁欲的错觉。 但这只是另一种炫耀的方式，让自己看起来很重要……"（歌罗西书 16:23）。 "……不要让任何人谴责你……"（歌罗西书 2:16 -23 NLT）。

____

____

____

13.成为迎宾员是一项具有挑战性的任务，当情况变得艰难时，迎宾员应该怎么做？。约伯说："他虽然杀了我，我仍要倚靠他……"（约伯记 13:15）。 "……约伯没有犯罪，也没有责备神……"（约伯记 1:20 -22）。 像约伯一样，像引导者一样，要保持"……无可指责，正直……敬畏（敬畏）神，远离邪恶……"（约伯记 1: 7-12）。当引座员决定信靠神时，他们有时会不会必须等候他？ 是的。 "……等候耶和华的必重新得力……"（以赛亚书 40:31 KJV）。 "……等候耶和华：要刚强壮胆，他必坚固你的心；我说，要等候耶和华……"（诗篇 27:14 KJV）。 "……耶和华善待等候他的人……"（耶利米哀歌 3:25）。 "……虽然还需要等待，但请等待……」（哈巴谷书 2: 3 KJV）。 等待上帝在引领者身上展现出一个重要的特质。 那是什么特质？ "……亲爱的兄弟姐妹们……当你们的信心受到考验时，你们的忍耐力就有机会增长。所以，让它成长吧，……」（雅各书 1: 2-4 NLT）。 耐心对接待员有什么好处？ "……我的弟兄们……考验你们的信心会产生耐心。 但让耐心有完美（成熟）的工作，这样你就可以完美（成熟）和完整，什么都不缺……」（雅各书 1: 2-4 KJV）。 "……亲爱的兄弟姐妹们……当你们的信心受到考验时，你们的忍耐力就有机会增长。 因此，让它成长吧，因为当你的耐力得到充分发展时，你将变得完美（成熟）和完整，不需要任何东西……」（雅各书 1: 2-4 NLT）。 "……因此，让我们继续努力，直到成熟……"（希伯来书 6: 1 NASB）。 圣经说："……让它成长，因为当你的忍耐（耐心）完全发展时，你将变得完美和完整，不需要任何东西……」（雅各书 1: 2-4 NLT ）。
耐心对引导者有什么好处？ "……让耐心有完美的作用……」（雅各书 1: 2-4 ）。
「……使〔他们〕……完全（成熟）、完全（成长），一无所缺……。」（雅各书 1:
2-4 KJV ）。

———————————————————————————————————————
———————————————————————————————————————
————————————————————————————————

14.如果引导者继续耐心地等待上帝，会发生什么？ "……让我们在行善的时候不要疲
倦，因为我们若不灰心，到适当的季节必得收获……"（加拉太书 6: 9 ）。 "……
'我们已经舍弃一切跟随你……"（马可福音 10:28 -31 ）。 耶稣对他说： "……我
向你保证，所有为了我和好消息而放弃房屋或兄弟姐妹或母亲或父亲或子女或财产的
人，现在将得到比现在多一百倍的房屋、兄弟姐妹、母亲、子女和财产，以及迫害。
在来世，那人必得永生……"（马可福音 10:28 -31 ）。 "……让我们不要疲倦……"
（加拉太书 6: 9 KJV ）。 对于耐心等待、在一切事上继续信靠神的引领者，我们该怎
么说？ "……主回答说： '忠心、通情达理的仆人，主人可以把管理其他家庭仆人和喂
养他们的责任交给他。如果主人回来，发现仆人做得很好，就会有奖励。 」（路加福
音 12： 42-47 ）。 "…… '做得好，善良忠诚的[女儿，儿子] …… 你在一些事情上
忠心耿耿……"（马太福音 25:21 NASB ）。 " ……〔你们的〕在暗中看见的父，必
"赏赐"〔你们〕……公开地……。」（马太福音 6:18 KJV ）。

———————————————————————————————————————
———————————————————————————————————————
————————————————————————————————

第 4 章

守门人： 我宁愿做主殿的守门人

"……在你的宫廷里，一天胜过一千天。 我宁愿作我神殿中的看门人，也不愿住在恶人的帐棚里。……"（诗篇 84:10 KJV ）。

经文： "……在你的院子里，一天总比一千天好。 我宁愿作我神殿中的看门人，也不愿住在恶人的帐棚里。

课程的目的或目标： 学习服务也是一种帮助他人的呼召

应用课程： 以发自内心的方式帮助他人，而不仅仅是在言行上！

主题讨论： 要了解为什么大卫王说他宁愿做家中的守门人，也不愿做王：欣赏诗篇 84：10 以及它与引领者的关系，就是在 "……在你的宫廷里度过一天……" 上调解……在神的宫廷或敬拜场所度过一天，比这世界或这生命中的任何其他地方都更受青睐。"……[一] ……在你院子里的日子…… " 是如此令人愉快，一个国王宁愿做守门人，也不愿住在 " ……恶人的帐棚里…… "（诗篇 84：10 ）。

对于所有人来说，无论他们的职位或职位如何，在神面前都比没有神的地方更令人满意。 因此，大卫王说： "……我宁可作我神殿的看门人…… "（诗篇 84:10 ）。 诗篇作者的肯定是，在神的庭院里 "……一天…… "胜过其他任何地方的一千天（诗篇 84：10 KJV ）。 在上帝的宫廷中担任守门人或引导者，胜过 "任何" 职位，无论是否崇高，特别是在邪恶的地方。 "……在你的宫廷里呆一天比在其他任何地方呆一千天都好！我宁愿在我神的殿中做守门人，也不愿在恶人的家中过着美好的生活。…… "（诗篇 84:10 NLT ）。 "宫廷" 一词指的是寺庙崇拜，或现代意义上的教会崇拜。 "……以感恩进他的门，以赞美进他的院。 你们要称谢他，称颂他的名…… "（诗篇 100:4 ）。然而，在旧约中，神的 "庭院" 是实际包围圣殿的开放空间。 "……在你们院中的一日…… "（诗篇 84:10 NLT ）。 因此，举行敬拜的是 "宫廷"，而不是真正的圣殿建筑。 "……进入……他的院中，赞美他…… "（诗篇 100: 4 NASB ）。

"宫廷" 是一个礼拜场所。 是什么让诗人（大卫王）更喜欢崇拜；即使他必须从一个国王到另一个守门人？ "……我（大卫王）宁愿做我神殿的看门人。…… "（诗篇

84:10 NLT）。敬拜可以定义为向神献上衷心的虔敬、敬意、赞美、感恩、荣耀或崇拜。"……他们清早起来，在耶和华面前敬拜……"（撒母耳记上 1:19）。"……他在那里敬拜耶和华……"（撒母耳记上 1:28 NASB）。"……使我可以敬拜耶和华……"（撒母耳记上 15:25 NASB）。"……使我可以敬拜耶和华你的神……扫罗敬拜耶和华……"（撒母耳记上 15:30 -31 NASB）。"……大卫……进了耶和华的殿，敬拜……"（撒母耳记下 12:20）。"……大卫要来到山顶，在那里敬拜神……"（撒母耳记下 15:32）。敬拜是一种行动，敬拜是一种态度，揭示了内在的圣灵、内心和神的真理之间的关系。

"……他们敬拜并赞美耶和华，说："他确实是良善的，他的慈爱确实是永恒的……""（历代志下 7:3 NASB）。"……以圣洁的美丽敬拜耶和华……"（历代志上 16:29 KJV）。他们敬拜并赞美神，说他是良善的，他的慈爱是永恒的，他的圣洁是美丽的！为了真诚地敬畏或奉献给神，你将自愿地实践和培养敬拜的行为和态度。内住的圣灵将赋予你的行动能力。"……因为神在你们里面行事……"（腓立比书 2:13）。神的真理将增强你的态度。"……通过更新你的思想（态度）而改变……"（罗马书 12:2 KJV）。敬拜源于内心深处的圣灵。"……神已经差遣他儿子的灵……进入……我们……的心……"（加拉太书 4:6 NASB）。"……使基督因信住在你们心里……"（以弗所书 3:17 NASB）。"……神曾说，我必住在其中……"（哥林多后书 6:16）。什么是"内在"，内心赋予行动权力。"……因为神在你里面行事……"（腓立比书 2:13）。"……正如你可以从果子里辨认一棵树，所以你可以通过他们的行为来辨认人……"（马太福音 7:15 -20 NLT）。"……你们要藉着他们的果子（行为）认识他们……"（马太福音 7:16 KJV）。"……圣灵的果子（行为）是爱、喜乐、平安、忍耐、温柔、善良、信心、温柔、节制……"（加拉太书 5:22 -23 KJV）。"……神已经差遣他儿子的灵……进入……我们……的心……"（加拉太书 4:6 NASB）。"……主……〔耶稣〕……就是那灵……"（哥林多后书 3:17 KJV）。"……耶稣基督在你们里面……"（哥林多后书 13:5 KJV）。"……这〔话是〕……灵……"（约翰福音 6:63 KJV）。

"……你的话就是真理……"（约翰福音 17:17）。"……主……〔耶稣〕……就是那灵……"（哥林多后书 3:17 KJV）。"……耶稣基督在你们里面……"（哥林多后书 13:5 KJV）。因此，敬拜"……用灵（道）和真理（道）……"（约翰福音 3:23 NASB）。同样，"……基督在你里面……"（歌罗西书 1:27 KJV）。"……神就是灵，敬拜他的人必须用心灵和真理（道）敬拜……"（约翰福音 4:24 NASB）。"……真正的敬拜者会用灵和真理敬拜父……"（约翰福音 3:23 NASB）。耶稣不只是说真话。耶稣活出真理。耶稣是真理。"……我对你们所说的话就是灵……"（约翰福音 6：63）。"耶稣说……我就是真理……"（约翰福音 14:6 KJV）。"……你的话就是真理……"（约翰福音 17:17）。真正的崇拜源于精神。真正的敬拜源于真理。所以要敬拜，"……用心灵和真理……"（约翰福音 3:23 NASB）。

在他的宫廷里的一天

1.在圣殿时代，宫廷是什么样的？"……[一] ……在你院子里的日子……"是如此令人愉快，一个国王宁愿做守门人，也不愿住在"……恶人的帐棚里……"（诗篇 84：10）。"……在你们院中的一日……"（诗篇 84:10 NLT）。在上帝的宫廷中度过的一天与敬拜的日子是一样的。一个人在崇拜中做什么？谁实际上在诗篇 84:10 中说，他们宁愿做神殿的看门人？"……我宁可作我神殿中的看门人……"（诗篇 84:10）。大卫王的断言是，"……一天……"在神的庭院里比其他任何地方都要好（诗篇 84：10 KJV）。"……在你的宫廷里呆一天比在其他任何地方呆一千天都好！我宁愿在我

神的殿中做守门人，也不愿在恶人的家中过着美好的生活。…… ”（诗篇 84:10
NLT ）。

____

____

____

2.您应该如何进入神的庭院或神的礼拜场所？ "……以感恩进他的门，以赞美进他的
院。 你们要称谢他，称颂他的名…… ”（诗篇 100: 4 ）。 "宫廷"是一个礼拜场所。
崇拜是什么让诗人更喜欢它，而不是其他任何东西；即使他必须从君王到守门人？ 大
卫王在上帝的宫廷里做了什么？ "……大卫在全会众面前称颂耶和华说：'耶和华我们
祖先以色列的神，从亘古直到永远，都应当称颂你。 主啊，伟大、力量、荣耀、威严
和辉煌都是你的，因为天地万物都是你的。 耶和华啊，国度是你的；你被尊为至高，
超乎万有之上。 财富和荣誉来自你；你是万物的统治者。 你手中有力量和力量，可以
擢升并赋予所有人力量。 我们的神啊，我们感谢你，赞美你荣耀的名…… ”（历代志
上 29:10 -19 ）。 "……我的神，我的王啊，我要尊崇你；我要称颂你的名，直到永永
远远。 我要天天称颂你，我要永永远远称颂你的名。 耶和华本为大，当受极大的赞美。
他的伟大无法测度。 一代人要向另一代人赞美你的作为，也要传扬你的大能。 我要述
说你威严的荣耀，和你奇妙的作为。 人必述说你大能的恶行。我也必述说你的大能。
他们必多多记念你的大恩，歌唱你的公义。 耶和华有恩典，有怜悯，不轻易发怒，有
丰盛的慈爱。 耶和华善待众人，他温柔的怜悯覆庇他一切所行的。 耶和华阿，你一切
所行的都要赞美你。你的圣民也要称颂你。 他们要述说你国度的荣耀，传扬你的大能；
要将他的大能和他国度的荣耀向世人显明。 你的国是永远的国，你的权柄存到万代。
耶和华扶持一切跌倒的，兴起一切下拜的。 众人的眼目都仰望你，你按时赐给他们食
物。 你张开你的手，满足一切有生命之物的心愿。 耶和华在他一切所行的是公义的，
在他一切所行的是圣洁的。 凡求告耶和华的，就是诚心求告他的，耶和华都与他们相
近。 敬畏他的，他必成就他们的心愿。他也必听他们的呼求，拯救他们。 耶和华保护
一切爱他的人，却要灭绝一切的恶人。 我的口要传扬赞美耶和华的话；凡有血气的，
都要称颂他的圣名，直到永永远远…… ”（诗篇 145 篇）。 "……大卫尽力在耶和华
面前跳舞…… ”（撒母耳记下 6:14 ）。

____

____

3.在前面的经文中，大卫王表达了对神的配称的崇拜和荣耀。 这些话和行为不是大卫
王的仪式，而是对神的大能、神圣的陛下、他的爱、他的恩典、他的怜悯和他的多重
祝福的感激之情。 大卫王的衷心行动叫什么？ "……他们清早起来，在耶和华面前敬
拜…… ”（撒母耳记上 1:19 ）。 "……他在那里敬拜耶和华…… ”（撒母耳记上
1:28 ）。 "……使我可以敬拜耶和华…… ”（撒母耳记上 15:25 ）"……好叫我敬拜耶
和华你的神……扫罗敬拜耶和华…… ”（撒母耳记上 15:30 -31 ）。 "……大卫……
进了耶和华的殿，敬拜…… ”（撒母耳记下 12:20 ）。 "……大卫要来到山顶，在那
里敬拜神…… ”（撒母耳记下 15:32 ）。 崇拜中说了什么？ "……他们敬拜耶和华，
赞美他，说：'他实在是良善的，他的慈爱实在是永远的……'（历代志下 7: 3 ）。

____

____

4.你今天如何敬拜神？ "……用灵（内住的灵）和真理（道）…… ”（约翰福音 3:23
NASB ）。 内住的灵魂在哪里？ "……神已经差遣他儿子的灵……进入……我们……
的心…… ”（加拉太书 4: 6 NASB ）。 "……主……〔耶稣〕……就是那灵……"

（哥林多后书 3:17 KJV）。 "……耶稣基督在你们里面……"（哥林多后书 13: 5 KJV）。 什么是真理？ "……你的话就是真理……"（约翰福音 17:17）。 "……那……〔话是〕……灵……"（约翰福音 6:63 KJV）。 "……主……〔耶稣，这个词〕……就是那灵……"（哥林多后书 3:17 KJV）。 "……基督就在你们里面……"（歌罗西书 1:27）。 "……神是灵，敬拜祂的人必须在灵（内住）和真理（道）上敬拜……"（约翰福音 4:24 NASB）。 "……真正的敬拜者会用灵和真理敬拜父……"（约翰福音 3:23 NASB）。 内住的灵如何帮助你敬拜？ "……神说，我要住在他们里面……"（哥林多后书 6:16）。 "……神在你们里面行事……"（腓立比书 2:13）。 "……圣灵……是〔敬拜〕的源头。……正是……神在我们所有属祂的人身上作工。圣灵通过我们每个人展示神的大能……"（哥林多前书 12: 4-11 NLT）。

____

____

____

5.工作也是一种生活方式或日常行为方式。 在真正崇拜者的生活中，可以"清楚地看到"什么？ "……就像你可以通过果实来识别一棵树，所以你可以通过他们的行为来识别人……"（马太福音 7： 15-20 NLT）。 "……你们要藉着他们的果子（行为）认识他们……"（马太福音 7:16 KJV）。 "……圣灵的果子（行为）是爱、喜乐、平安、忍耐、温柔、善良、信心、温柔、节制……"（加拉太书 5:22 -23 KJV）。 如果引导者真的想成为主的殿中的活见证人，那么证据是什么？ T. "……结出许多果子，证明是〔神的〕……门徒……"（约翰福音 15: 8 NIV）。 "……圣灵的果子是爱、喜乐、平安、忍耐、温柔、良善、信心、温柔、节制……"（加拉太书 5:22 -23 KJV）。 "……我们凭我们的纯洁、我们的理解、我们的耐心、我们的仁慈、我们里面的圣灵和我们真诚的爱来证明自己……"（哥林多后书 6: 6 NLT）。

____

____

____

在他面前的一天

6.是引领者"进入"神的面前吗？ "……如果基督在你里面…… [那么] ……主……就在你面前[和'你'在他面前] ……"（罗马书 8:10 KJV 和出埃及记 33:16 -23 NIV）。 "……〔耶稣使〕……我永远与〔神〕同在……"（诗篇 44:12 NASB）。 "……你（神）使他（她）永远蒙福……在你面前……"（诗篇 21: 6 NASB）。 神"知道"引导者吗？ 是的， "耶和华啊，你察验了我的心，知道我的一切。 我所做的一切，你都知道……"（诗篇 139: 1-6）。 "……我知道你的行为……"（启示录 2: 2 KJV）。 "……他密切关注每个人，检查地球上的每个人。耶和华察验义人和恶人……"（诗篇 11: 4-5）。

____

____

____

7.上帝在看引导者做什么，或者他或她在他们心中是谁？ "……神不像人看人，因为人看外貌，耶和华看内心……"（撒母耳记上 16: 7）。 神放大了"……心里隐藏的人……"（彼得前书 3: 4 KJV）。 神知道这是"……从里面，从人心里，发出邪恶的思想……邪恶……所有这些邪恶的东西都来自内心，玷污了一个人。」（马可福音 7： 21-23）。 "……主，知道所有人的心……"（使徒行传 1:24 KJV）。 心和其中所包含的一切"……高于一切，充满欺骗，极其邪恶……〔除了神〕，谁能知道呢？……」（耶利米书 17: 9 KJV）。 引导者如何敬拜神？ "……用灵和真理敬拜……"（约翰福音 3:23 NASB）。 "……你们若爱我（敬拜的态度）……遵守我的诫命（遵行我的诫命）……"（约翰福音 14:15 KJV）。 "……〔诫命或训诲，或神的道〕……就是灵……〔和〕……你的道就是真理……"（约翰福音 6：63，17：17）。

____

____

8.如果引导者在神的面前，神认识他们，他也会知道他们是否不是真正的崇拜者或生活在他的真理中吗？ "……如果有人自称'我认识神'，却不服从神的诫命（或不遵从祂的指示），那人就是说谎者（真心的态度），不活在真理（或真正的敬拜）中……"（约翰一书 2: 4 NLT）。 真正在精神和真理中敬拜神的引领者会做什么？ "……你们若爱我（或对我有发自内心的态度）……遵守我的诫命（或遵行我的诫命）……"（约翰福音 14:15 KJV）。 "一点点"的罪还是一些罪吗？ "……以赛亚曾预言你们这些假冒为善的人，如经上所记，这百姓用嘴唇尊敬我，心却远离我"（可 7:6）。 "……因为你的心在神面前不对……"（使徒行传 8:21）。 "……当你遵循你罪恶本性的欲望（指示）时，结果非常明显：性不道德、不洁、私欲、偶像崇拜、巫术、敌意、争吵、嫉妒、愤怒的爆发、自私的野心、分歧、分裂、嫉妒、醉酒、狂欢和其他类似的罪。 让我像以前一样再告诉你们，任何过这种生活的人都不会继承神的国。 ……"（加拉太书 5:22 -23 NLT）。 神如何期望引导者「选择」活出「知道」自己在祂面前的生活？ "……我是圣洁的……"（彼得前书 1:14 -16）。 "……你们要圣洁，因为我是圣洁的……"（彼得前书 1:16）。 而且，"没有像耶和华一样圣洁的……"（撒母耳记上 2: 2）。 "……愿他们赞美你的大名……，因为它是圣的……你们要高举耶和华我们的神，在他脚凳前敬拜，因为他是圣的……你们要高举耶和华我们的神，在他的圣山敬拜，因为耶和华我们的神是圣的……"（诗 99: 3-9）。 "……我是神，'不是'人；在你中间的圣者……"（何西阿书 11: 9 KJV）。

____

____

____

9.如果你是一个引导者，你为什么崇拜神？ E. "……耶和华为我们行了大事，我们欢喜……"（诗篇 126: 1-3）。 "……神爱世人，甚至将他的独生子赐给他们……"（约翰福音 3:16）。 "……神就是爱……"（约翰一书 4: 8）。 "……他先爱……〔你们〕……"（约翰一书 4:19 ASV）。 "……〔他〕……熟悉一切〔你们〕……的方式……"（诗篇 139: 1-3 KJV） "……〔他〕……拣选你们〔无论如何〕……"（约翰福音 15:16 ASV）。 "……〔他勾引你们〕……归向……〔他自己〕……"（约翰福音 12:32 KJV）。 "……凡听见……又学习父的，就到他那里去……"（约翰福音 6:45 KJV）。 "……你们的罪孽……把你们和你们的神隔开了……"（以赛亚书 59: 2 KJV）。 但 "……〔祂赦免了你的〕……罪恶，……不再记念你的罪恶……"（希伯来书 8:12）。 "……藉着恩典（不配得的恩惠），〔你们〕……因信得救（依靠神的拯救大能）……这是神的恩赐……"（以弗所书 2: 8-9）。 "……基督的福音（道）……是神的大能，能拯救每一个相信的人（取决于真理）……"（罗马书 1:16 KJV）。 "……在你心里相信（依靠神的话）神已经叫他从死里复活，〔你们〕……必然得救……"（罗马书 10: 9 KJV）。

____

____

____

10.谁拥有"所有"权力，"所有"权力属于谁？"……权柄属乎神……"（诗篇
62:11）。 权力的希腊语和希伯来语是 EXOUSIA 或杜纳米斯。 这些词是什么意思？ 这
种力量从何而来？"天是靠耶和华的话造成的，万军是靠他口中的气造成的……"
（诗 33: 6）。 "……太初有道，道与神同在，道就是神。 ……（约翰福音 1: 1-4
NASB）。 "……他（道）起初与神同在。 万物都是通过他而产生的，除了他以外，
没有任何东西产生……（约翰福音 1: 1-4）。 "……自从创造世界以来，神无形的本
质--祂的永恒能力……已被"清楚地看见"，从所造的被理解……"（罗马书 1:20
NIV）。 是否有其他人拥有或拥有神所拥有的那种杜纳米斯力量？ "……除了神以外，
没有权柄；所受的权柄是神所命定的……"（罗马书 13: 1 KJV）。 "……[神]……改
变时代和季节：他除掉君王，建立君王；他将智慧赐给智慧人，将知识赐给通达
人……"（但以理书 2:21）。 "耶和华啊，没有可比你的；你为大，你的名为大，大
有能力。 ……"（耶利米书 10: 6 KJV）。 "……耶和华啊，没有可比你的，你是伟大
的……"（耶利米书 10： 6）。

____

____

____

11.人类何以拥有任何形式的杜纳米斯力量，如果来自哪里？ "……为使活人知道至高
者是统治人类王国的，〔他〕将〔他的〕权柄赐给〔他〕所愿意的人……"（但以理
书 4:17 NASB）。 "……耶稣回答说：'若不是从上头赐给你们，你们就不能胜过
我……'（约翰福音 19:22）。 所有「……权柄都属神……」（诗篇 62： 11）。
"……地和其中所充满的，世界和住在其中的……"（诗篇 24: 1 KJV）。 "……因为
世界和其中所充满的，都是我的"（诗篇 50:12 KJV）。 "……天地万物都是你的"
（历代志上 29:11 KJV）。 "……权柄属乎神……"（诗篇 62:11）。 杜纳米斯的力
量也被转化为神奇的力量。 耶稣做了什么来展示杜纳米斯的力量？ "……耶稣意识到
能力已经从他身上消失了。 他在人群中转过身来，问道："谁摸了我的衣服？门徒回
答说："你们看见百姓聚集起来攻击你们，你们却可以问：'谁摸了我呢？"耶稣不
停地环顾四周，看看是谁干的。 然后那个女人知道她发生了什么事，来到他的脚边，
吓得浑身发抖，把全部真相都告诉他。 他对她说："女儿，你的信心（你对我的依赖，
这个词）治好了你。 平平安安地去吧，从你的痛苦中解脱出来……"（马可福音 5：
30-34）。 "……神用圣灵和能力膏了拿撒勒人耶稣，……他四处行善，医治万
人……因为神与他同在……"（使徒行传 10:38）。 耶稣的门徒如何展示杜纳米斯的
能力？ "……斯蒂芬，一个充满神的恩典和能力的人，在百姓中行了大奇事和神
迹……"（徒六 8）。 "……神借着保罗行了非凡的神迹（dunamis power）……"
（使徒行传 19:11）。 "……我坚持在你们中间显明真使徒的印记，包括神迹、奇事
和神迹……"（哥林多后书 12:12）。 谁在"通过"耶稣和他的门徒展示杜纳米斯的
力量？ "……圣灵通过我们每个人……赐下所有这些恩赐和能力的圣灵……"（哥林
多前书 12: 4-11）。

____

____

____

12. 您每天都看到什么展示了上帝的杜纳米斯大能？ "……我用我的大能造地，地上的
人和兽……"（耶利米书 27： 5）。 "……主耶和华啊，你曾用大能创造天地……"
（耶利米书 32： 17）。 上帝是否与他的子民分享他的杜纳米斯力量，比如引领者？
"……他将能力赐给胆怯的人；将力量加增给没有能力的人……"（以赛亚书 40：
29）。 "……我实在因耶和华的灵充满能力……"（弥迦书 3: 8 KJV）。 即使上帝
把他的杜纳米斯力量赐给了他的子民，它仍然属于他吗？ "……你心里说，我的能力
和我手的能力使我得着这财富。但你要记住耶和华你的神：因为他赐你"权柄"来获

得财富……"（申命记 8:17 -18 KJV）。 "彼拉多说：'你不对我说话吗？岂不知我有权柄把你钉十字架，也有权柄释放你吗？ 耶稣回答说："除了从上头赐给你的权柄，你一点也不能攻击我……"（约翰福音 19:10 -11）。

"……正如你（神）将权柄赐给他，胜过凡有血气的，叫他把永生赐给你所赐给他的……"（约翰福音 17：2）。 "又赐给他施行审判的权柄……"（约翰福音 5:27）。 耶稣回答说："我实实在在告诉你们，子凭着自己不能做什么，惟有看见父所作的，子才能做什么。 父爱子,将自己所作的一切事指示他。父要将比这更大的事指示他,叫你们希奇。 父怎样叫死人复活，使他们活过来，子也照样叫他所愿意的活过来。 因为父不审判人，乃将一切审判交托子。叫众人尊敬子，像尊敬父一样。 不尊敬子的，不尊敬差他来的父……"（约翰福音 5:19 -23）。 "……住在我里面的父作工……"（约翰福音 14:10）。 耶稣在地球上时拥有杜纳米斯的力量。 现在谁有那杜纳米斯的权柄？ "……人子在地上有赦罪的权柄……"（马太福音 9: 6 KJV）。 "……他用权柄和能力吩咐污鬼，他们就出来……"（路加福音 4：36）。 "……他就召了十二个门徒来，赐给他们权柄，能制伏一切的魔鬼，医治疾病……"（路加福音 9：1）。

____

____

____

13. 谁是门徒杜纳米斯力量的源泉？ "……神……在你里面作工……"（腓立比书 2:13）。 "……神曾说，我必住在其中……"（哥林多后书 6:16）。 "……神的灵住在你们里面……"（罗马书 8: 9 KJV）。 "……神的灵住在你们里面？」（哥林多前书 3:16 KJV）。 "……〔你们〕就是你们里面的圣灵的殿……"（哥林多前书 6:19 KJV）。 "……神就是灵……"（约翰福音 4:24 KJV）。 "……主就是那灵……"（哥林多后书 3:17 KJV）。 耶稣说："我和我的父原为一……"（约翰福音 10：30 KJV）。 因此， "……耶稣基督在你们里面……"（哥林多后书 13: 5 KJV）。 "……基督在你里面……"（歌罗西书 1:27 KJV）。 "……一切能力……都赐给〔耶稣基督〕……在天上和地上……"（马太福音 28:18 KJV）。 "……愿〔神〕……藉着耶稣基督，在〔你〕身上作他所喜悦的事……"（希伯来书 13:20 -21 NIV）。

"……他（圣灵）在你们里面"开始"了美好的"工"，"必成就"这工，"直到"耶稣基督的日子……"（腓立比书 1: 6 KJV）。 "……神……将……能力的灵……赐给你们"（提摩太后书 1: 7-8）。 "……藉着他内心的灵，用大能坚固（大有能力）……"（以弗所书 3:16 KJV）。 "……除了〔耶稣〕以外，你们什么也不能做……"（约翰福音 15: 5）。 你「……可以藉着基督做一切能使〔你〕坚强（有能力）的事……。」（腓立比书 4:13 KJV）。 「……照着在你们里面工作的能力……」（以弗所书 3:20 KJV）。 引领者能否依靠神的内住、杜纳米斯的力量来帮助他们蒙召唤？ "……神……装备『你』……愿他借着耶稣基督，在〔你〕……作他所喜悦的事……"（希伯来书 13：20-21）。 "……神……在你们里面作工，叫你们立志行事……"（腓立比书 2:13）。 "……离开我（耶稣，神的话），你们就不能作什么……"（约翰福音 15: 5）。 "……他将力量赐给软弱者，将力量赐给无能者。……」（以赛亚书 40：28-31 NLT）。 "……现在归给那『能』行事，超乎我们所求所想的……"（以弗所书 3:20 KJV）。 "……〔你们〕……靠着他内心的圣灵，用大能得着力量……"（以弗所书 3:16 KJV）。 "……因着神的恩典，我就是……"（哥林多前书 15:10）。

____

____

____

14.如果神的内住圣灵在引导者里面，他或她"有一天"还是每天都与神同在？ "……神与〔每天的迎接者〕同在……"（马太福音 1:23 NASB）。 "……神说：'我决不撇下你……'（希伯来书 13：5）。 "……我常与你们同在，直到最后……"（马太福音 28:20）。 "……看哪，我和…… [你]在一起， ……我不会离开…… [你] ……。"（创世记 28:15 ASV）。 "……看哪，我与〔你〕同在……我必不撇下〔你〕……"（创世记 28:15 ASV）。 "……要枯萎逃避〔神的同在〕吗？……」（诗篇 139： 7）。

____

____

____

15.是上帝在看着迎客？ "……〔神〕看见我…… "（创世记 16:13 KJV）。 上帝在看什么？ "……神不像人看人，因为人看外貌，耶和华看内心……"（撒母耳记上 16:7）。 "……没有人需要……告诉他人性，因为他知道每个人的内心……"（约翰福音 2:24 -25 NLT）。 "……主，知道所有人的心……"（使徒行传 1:24 KJV）。 "……他密切关注每个人，检查地球上的每个人。耶和华察验义人和恶人…… "（诗篇 11: 4-5）。 引导者应该选择只在周日还是每天做引导者？ "……神与〔每天的迎接者〕同在……"（马太福音 1:23 NASB）。 "……我常与你们同在，直到最后……"（马太福音 28:20）。 引座员是否有每天成为引座员的杜纳米斯力量？ "……神已经差遣他儿子的灵"进入"我们的心中……（加拉太书 4: 6 NASB）。 "……耶稣基督在你们里面……"（哥林多后书 13: 5 KJV）。 "……〔领路人〕可以藉着基督做一切使〔他们〕坚固的事……"（腓立比书 4:13 KJV）。 "……作工的神……在我们所有属他的人里面……（哥林多前书 12: 4-11）。 与在神的宫廷或敬拜场所"一天"不同，迎接神的同在的人多久用他们的生活方式敬拜一次？ "……我要天天赞美你；是的，我要永远赞美你。 主是伟大的！ 他最值得称赞！ 没有人能衡量他的伟大。 让每一代人告诉自己的子孙你的大能；让他们宣扬你的大能……我要宣扬你的大能……你忠心的追随者必赞美你。 他们必述说你国度的荣耀；他们必举例说明你的大能。 他们必述说你的大能…… "（阅读诗篇 145 篇）。

____

____

____

第 5 章

忠信的利未人（USHERITE）

"……这些是〔受派的，利未的〕……氏族的守门人……"（历代志上 26: 1-19）。
"……对你忠心的仆人利未人……利未人听从你的话，谨守你的约。……赐福给利未人……"（申命记 33: 8-11）。

经文：「……守门的……」（历代志上 26: 1-19）。 "……写信给你忠心的仆人利未人……"（申命记 33: 8-11）。

课程的目的或目标： 了解引领的历史，了解引领者的忠诚

课程的应用： 在你的召唤中，作为引导者，实践忠诚

主题讨论： 了解最初的守门人（利未人）并了解忠诚的重要性：利未人是利未的后裔，利未是父权父亲雅各的后裔和儿子。 利未人通过展示敬虔的平安、祝福和和谐的服务，体现了神的旨意。 利未人奇迹般地服侍神。他们与囚禁和异教徒影响的局限性作斗争，以维护和保持代表神和以色列人民之间关系的盟约价值观。 利未人被神"分别出来"，是因为他们的顺服、忠于圣约、献祭的承诺，并成为以色列的祝福。 "……对你忠心的仆人利未人……利未人遵守了你的话，守了你的约。 他们对你比对自己的父母更忠心……他们将你的律例教导雅各，将你的命令传给以色列。 耶和华啊，求你赐福给利未人，领受他们手所做的一切……"（申命记 33: 8-11）。

因此，他们被选为"神的殿"的看守人和祭司的助手，而祭司恰好也是利未人。 利未支派内部的某些氏族被赋予了守门的职责。 "……以下是看门人的划分：来自可拉人……俄别以东的儿子，也是看门人，……神丰富地祝福了俄别以东。 俄别以东的儿子示玛雅的儿子很有能力，在家族中赢得了很大的权威地位。 ……所有这些俄别以东的后裔，包括他们的儿子和孙子--总共有六十二个--都是非常有能力的人，非常适合他们的工作。 米示利米亚的十八个儿子和亲戚也是非常有能力的人……何撒的儿子和亲戚担任守门人，总共有十三个。 这些看门人的分支是以他们的家族领袖命名的，他们和其他利未人一样，在耶和华的殿中服侍。

他们由家庭分配到各个门口守卫，不考虑年龄或训练，因为这一切都是通过神圣的抽签来决定的。 东门的责任落在米设勒米雅和他的团队身上。 北门被分配给他的儿子撒迦利亚，一个具有非凡智慧的人。 南门通往俄别以东，他的儿子们被派去管理仓库。 舒平(Shuppim)和 何沙(Hosah)被分配到西门和通往圣殿的大门。 警卫职责分工均匀。 每天有六个利未人被派到东门，四个到北门，四个到南门，两对在仓库。 每天有六人被分配到西门，四人被分配到通往圣殿的大门，两人被分配到庭院。 这些是可拉和米拉利家族的守门人……"（历代志上 26: 1-19）。 "……他们和他们的儿子看守耶和华殿的门，就是帐棚的殿。 守门的人在四面，东、西、北、南……"（历代志上 9:23 -24）。利未人被"分别出来"，献给神，作为收割的第一个果子，或代替以色列人收割的第一个果子。 把「初熟的果子」赐给神，是感谢以色列人所领受的一切祝福的记号。 "……利未人必须为我保留，代替以色列的长子；我是耶和华。 ……于是摩西照着耶和华所吩咐的，数点以色列人的长子。 一月龄或以上的长子数量为 22,273 个。

耶和华对摩西说： "你要取利未人代替以色列人的长子。 ……利未人属我，我是耶和华……"（民数记 3:41:45）。 作为回报， "……耶和华的祭司职任（圣殿服务）……是他们（利未人）的产业……"（约书亚记 18: 7 KJV）。 他们是神所信赖和拣选的仆人，以维持信仰的实践和生活方式。 利未人继承了官员、法官、教师、音

乐家、执法人员和守门人的圣殿服务，他们协助祭司。 "……其中有二万四千人要监督耶和华殿的工作；六千人是官长和审判官，四千人是看门人，四千人是用大卫为赞美所制造的工具赞美耶和华……"（历代志上 23: 4-5）。

"……祭司、利未人、看门人、乐师和圣殿的仆人，以及一些百姓和其余的以色列人，都住在自己的城里……"（尼希米记 7： 73）。 利未人甚至负责搬运帐幕及其所有船只或家具，因为他们从一个地方游荡到另一个地方。 圣殿的功能是利未人的全部服务和责任。利未人是以色列支派中一个独特的、"与众不同的"支派。 他们基本上与寺庙及其服务有关。 守门人守卫着寺庙，打开了通往寺庙的道路，并监督着与之相关的大门。 与所有利未人的职位一样，守门人通过履行对神的服侍，为圣殿崇拜做出了重要贡献。 利未人的守门人奉献给主的工作。 这是通过神的约定向神献祭，可以代代相传。利未人通过守门人守卫、保护和监视圣殿的入口。 引领者是现代的守门人，并继续履行与利未家族相似的服务。今天的引领者的主要目的是作为利未人（我的话）的一个部落，在全国各地耶和华的殿中共同服务。 圣经还将利未人描述为忠心的仆人。

"……写信给你忠心的仆人利未人……"（申命记 33: 8-11）。 忠诚是一种神圣的品质，当归因于人时，它是对巨大部分的赞美。 "……神是信实的……"（哥林多前书 1: 9， 10:18 和哥林多后书 1:18 KJV）。 "……祂是神，是信实的神……"（申命记 7: 9 KJV）。 "……那召你们的本是信实的……"（帖撒罗尼迦前书 5:24）。 "……主是信实的……"（帖撒罗尼迦后书 3: 3 NASB）。 "……那应许的是信实的……"（希伯来书 10:23）。 神的信实是祂不变或不变品格的保证。 "……我是耶和华，我不改变……"（玛拉基书 3: 6 KJV）。 "……耶稣基督昨日今日永远相同……"（希伯来书 13 章 8 节）。 神的信实意味着他完全、完美无瑕地值得信赖，并将绝对"遵守他的应许。 神的话语是值得信赖的。 "……耶和华的律例是可信的，使愚蒙人有智慧……"（诗篇 19: 7）。 "……你的一切命令都是可信靠的……"（诗篇 119: 86）。 "……你的律法是完全的，是完全可信赖的……"（诗篇 119: 138 NLT）。 神正在 "……看顾〔祂的〕……言行……"（耶利米书 1:12 NASB）。

"……我口所出的话也必如此：必不至虚空归向我，必成就我所喜悦的，必在我所差来的事上亨通"（以赛亚书 55:11 KJV）。 "……耶和华向以色列家所作的美好应许没有一个失败；" "都应验了……"（约书亚记 21:45 NASB）。 神的信实是坚定的。 它不能被移动、摇晃、影响或说服！ "……我不改变……"（玛拉基书 3: 6 KJV）。 "……耶稣基督是相同的……直到永远……"（希伯来书 13 章 8 节）。 神的信实是可靠的。 毫无疑问，你可以完全依靠神所说的话，神所做的事，以及神是谁。 "……他们信靠你（神），并不失望……。（诗篇 22: 5 NASB）。 "……耶和华向以色列家所作的美好应许没有一个失败；一切都应验了……"（约书亚记 21:45 NASB）。 "……你要专心仰赖耶和华……"（箴言 3: 5-6）。 "……因为圣经说：'信他的人必不至失望……"（罗马书 10:11 NASB）。 诗篇作者谈到神的信实。 "……我已述说你的信实……"（诗篇 40:10）。 "……你的诚实达到天空……"（诗篇 36: 5）。 "……我要将你的诚实传扬到万代……"（诗篇 89: 1 KJV）。 "……在天上，你必坚定你的信实……"（诗篇 89: 2）。 "……他的一切工作都是凭信实而作的……"（诗篇 33: 4 NASB）。 "……谁像你……你的信实也围绕着你……"（诗篇 89: 8 NASB）。 神对诗人说： "……我的信实和我的慈爱必与〔你〕同在……我必不使我的慈爱与〔你〕断绝，也不凭我的信实行事虚假……"（诗篇 89： 24，33）。 "……他的信实是盾牌……"（诗篇 91: 4）。 "……他的慈爱永远长存，他的信实存到万代……"（诗篇 100: 5）。 "……你的诚实存到万代……"（诗篇 119: 90）。 "……耶和华啊，求你垂听我的祷告，侧耳听我的恳求！ 以你的诚实回答我……"（诗篇 143: 1 NASB）。 "……神就是灵……"（约翰福音 4:24 KJV）。

"……圣灵的果子就是爱、喜乐、平安、忍耐、仁慈、良善、信实……"（加拉太书 5:22）。

利未人一样

1.利未人是谁？利未人为谁服务？利未人被分别出来事奉神，祝福谁？利未人忠实地做了什么？"……对你忠心的仆人利未人……利未人听从你的话，谨守你的约。1.他们对你比对自己的父母更忠心……他们将你的律例教导雅各，将你的命令传给以色列。耶和华啊，求你赐福给利未人，领受他们手所做的一切……"（申命记 33: 8-11）。

____

____

____

2.利未人蒙召唤做什么？他们在哪里服侍？"……以下是看门人的划分：来自可拉人……俄别以东的儿子，也是看门人，……神丰富地祝福了俄别以东。俄别以东的儿子示玛雅的儿子有很大的能力，他们在家族中赢得了很大的权威地位。……所有这些俄别以东的后裔，包括他们的儿子和孙子--总共有六十二个--都是非常有能力的人，非常适合他们的工作。米示利米亚的十八个儿子和亲戚也是非常有能力的人……何撒的儿子和亲戚担任守门人，总共有十三个。这些看门人的分支是以他们的家族领袖命名的，他们和其他利未人一样，在耶和华的殿中服侍。他们由家庭分配到各个门口守卫，不考虑年龄或训练，因为这一切都是通过神圣的抽签来决定的。东门的责任落在米设勒米雅和他的团队身上。北门被分配给他的儿子撒迦利亚，一个具有非凡智慧的人。南门通往俄别以东，他的儿子们被派去管理仓库。舒平(Shuppim)和 何沙(Hosah)被分配到西门和通往圣殿的大门。警卫职责分工均匀。每天有六个利未人被派到东门，四个到北门，四个到南门，两对在仓库。每天有六人被分配到西门，四人被分配到通往圣殿的大门，两人被分配到庭院。这些是可拉和米拉利家族的守门人……"（历代志上 26: 1-19）。"……他们和他们的儿子看守耶和华殿的门，就是帐棚的殿。守门的人在四面，向东、向西、向北、向南……"（历代志上 9:23 -24）。

____

____

____

3.利未人特别为事奉神而分别出来吗？"……利未人必须为我保留，代替以色列的长子；我是耶和华。……于是摩西照着耶和华所吩咐的，数点以色列人的长子。一月龄或以上的长子数量为 22,273 个。耶和华对摩西说："你要取利未人代替以色列人的长子。……利未人属我，我是耶和华……"（民数记 3:41:45）。

____

____

____

4.利未人的产业是什么？"……耶和华的祭司职任（圣殿服务）……是他们（利未人）的产业……"（约书亚记 18: 7 KJV）。守门是圣殿服务之一吗？是的。"……其中有二万四千人要监督耶和华殿的工作；六千人是军官和法官，四千人是看门人，四千人是用大卫为赞美而制造的工具赞美耶和华……"（历代志上 23: 4-5）。"……祭司、利未人、看门人、乐师和圣殿的仆人，以及一些百姓和其余的以色列人，都住在自己的城里……"（尼希米记 7：73）。他们是忠实的仆人吗？"……对你忠心的仆人利未人……利未人……守了你的约……"（申命记 33: 8-11）。利未人的事工是一种有福的诡计吗？"……赐福给利未人……"（申命记 33: 8-11）。

5.招待员应该模仿谁？。 "……在这个世界上，我们像耶稣……" （约翰一书 4:17 ）。 "……这心要在你们里面，就是在基督耶稣里面……" （腓立比书 2: 5 ）。 "……我心里温柔谦卑……" （马太福音 11:29 ）。 内住的圣灵会帮助引导人像耶稣一样吗？如何？ "……愿……神……藉着耶稣基督，在〔引路人〕……作他所喜悦的事……" （希伯来书 13:20 -21 ）。 为什么引领者要致力于培训，掌握他们的技能，并遵循引领者的指导方针？ "……无论你们在言行上做什么，都要奉主耶稣的名去做……" （歌罗西书 3:17 KJV ）。 "……顺服（遵行神的指示）……心里单一，敬畏（敬畏）神……" （歌罗西书 3:22 KJV ）。

"……神不是紊乱的神，乃是平安的神……" （哥林多前书 14:33 ）。 "……让所有事情都有条不紊地做……」（哥林多前书 14:40 KJV ）。 神是否偏爱利未人的守门人胜过现代的迎客？ "……神不偏待人……" （使徒行传 10:34 -36 ）。 "……神不尊重人……" （使徒行传 10:34 -36 ）。 "……既没有犹太人，也没有希腊人，……〔我们〕……在基督里都是'一'……。」（加拉太书 3:26 -28 KJV ）。

6.为什么迎宾员彼此陪伴很重要？ "……你们要彼此相爱，像我爱你们一样……" （约翰福音 13 ： 34-35 ）。 "……你们若有彼此相爱的心，众人因此就知道你们是我的门徒……" （约翰福音 13 ： 34-35 ）。 "……圣灵所结的果子就是爱……" （加拉太书 5:22 -23 KJV ）。 "……我父因此得荣耀，因为你们多结果子，所以证明你们是我的门徒" （约翰福音 15:8 ）。 为什么引导者继续彼此相交很重要？ "……不要……将我们聚集在一起……" （希伯来书 10:25 KJV ）。 "……不是像有些人那样抛弃我们聚集在一起；而是彼此劝勉……" （希伯来书 10:25 KJV ）。 哪些是基督徒？ "……若有人没有基督的灵，他就不是他的……" （罗马书 8: 9 KJV ）。 "……信主耶稣基督，你就必得救……" （使徒行传 16:31 KJV ）。 引领者如何像利未人？ "……对你忠心的仆人利未人……利未人听从你的话，谨守你的约。 他们对你比对自己的父母更忠心……他们将你的律例教导雅各，将你的命令传给以色列。 耶和华啊，求你赐福给利未人，领受他们手所做的一切……" （申命记 33: 8-11 ）。 "……写信给你忠心的仆人利未人……" （申命记 33: 8-11 ）。

忠实的引领者

7.忠诚是神圣的特质吗？ 为什么？ "……神是信实的……" （哥林多前书 1: 9 ，10:18 和哥林多后书 1:18 KJV ）。 "……祂是神，是信实的神……" （申命记 7: 9 KJV ）。 "……那召你们的本是信实的……" （帖撒罗尼迦前书 5:24 ）。 "……主是信实的……" （帖撒罗尼迦后书 3: 3 NASB ）。 "……那应许的是信实的……" （希伯来书 10:23 ）。 神"曾经"停止忠信吗？ "……我是耶和华，我不改变……" （玛拉基书 3: 6 KJV ）。 "……耶稣基督昨日今日永永远远是一样的……" （希伯来书 13 章 8 节）。 "……〔你们〕若……不忠，他仍是可信的……" （提摩太后书 2:13 ）。 因为神是信实的，祂也是什么？ "……耶和华的律例是可信的，使愚蒙人有智慧……"（诗 19: 7）。 "……你的一切命令都是可信靠的……"（诗篇 119: 86）。 "……你的律法是完全的，是完全可信赖的……"（诗篇 119: 138 NLT）。 神正在"……看顾〔祂的〕……言行……"（耶利米书 1:12 NASB）。 "……我口所出的话也必如此：必不至虚空归向我，必成就我所喜悦的，必在我所差来的事上亨通"（以赛亚书 55:11 KJV）。 "……耶和华向以色列家所作的美好应许没有一个失败；" "都应验了……"（约书亚记 21:45 NASB）。 "……我不改变……"（玛拉基书 3: 6 KJV）。 "……耶稣基督是相同的……直到永远……"（希伯来书 13 章 8 节）。 上帝始终是忠诚和值得信赖的。 他会让你失望吗？ "……他们信靠你（神），并不失望……。（诗篇 22: 5 NASB）。 "……耶和华向以色列家所作的美好应许没有一个失败；一切都应验了……"（约书亚记 21:45 NASB）。 "……你要专心仰赖耶和华……"（箴言 3: 5-6）。 "……因为圣经说：'信他的人必不至失望……"（罗马书 10:11 NASB）。

____

____

____

8.诗人大卫王对神的信实说了什么？ "……我已述说你的信实……"（诗篇 40:10 ）。 "……你的诚实达到天空……"（诗篇 36: 5）。 "……我要将你的诚实传扬到万代……"（诗篇 89: 1）。 "……在天上，你必坚定你的信实……"（诗篇 89: 2）。 "……他的一切工作都是凭信实而作的……"（诗篇 33: 4 NASB）。 "……谁像你……你的信实也围绕着你……"（诗篇 89: 8 NASB）。 神对诗人说："……我的信实和我的慈爱必与〔你〕同在……我必不使我的慈爱与〔你〕断绝，也不凭我的信实行事虚假……"（诗篇 89:24,33 NASB）。 "……他的信实是盾牌……"（诗篇 91: 4）。 "……他的慈爱永远长存，他的信实存到万代……"（诗篇 100: 5）。 "……你的诚实存到万代……"（诗篇 119: 90）。 "……耶和华啊，求你垂听我的祷告，侧耳听我的恳求！ 以你的诚实回答我……"（诗篇 143: 1 NASB）。 "……神就是灵……"（约翰福音 4:24 KJV）。 "……圣灵的果子就是爱、喜乐、平安、忍耐、仁慈、良善、信实……"（加拉太书 5:22）。 神的信实是什么的象征？ 祂的爱。 "……祂对我们的爱是伟大的，主的信实永远长存。 赞美耶和华"（诗篇 117: 2 KJV）。 "……〔神〕记念他与〔以色列〕所立的约……（藉着亚伯拉罕）……"（诗篇 106: 42-48）。

____

____

____

9.神对亚伯拉罕的忠实应许是什么？ "……我必赐福给你，使你的名为大；你必成为赐福的；赐福给你的人，我必赐福给你……地上的万族都要因你得福……"（创世记 12: 2-3）。 神对亚伯拉罕的应许忠实了多久？ 经历了数千代人。 "……爱我，遵守我诫命的人，有千代……"（出埃及记 20: 6）。 神对他的话有多忠心？ 神说，我 "……正在谨慎遵行我的话……"（耶利米书 1:12 NASB）。 "……从我口中发出的话也必如此：这话必不归于我，却要成就我所喜悦的，在我所差来的事上必亨通……"（以赛亚书 55:11 KJV）。 你的救恩是神对亚伯拉罕信守承诺的结果吗？ 解释。 「……基督救赎了我们……使『亚伯拉罕的祝福』……藉着耶稣基督临到我们……」（加拉太书 3:13 -14 KJV）。

____

____

____

10.神是否忠于祂的子民，即使他们对祂不忠？是的。他如何向他们展示他的忠诚？他一直把他们从麻烦中拯救出来。"……他一再拯救他们，他们却选择背叛他……"（诗篇 106: 39-43 ）。 "……但我的人民不听我的话。他们随心所欲，随心所欲……"（耶利米书 7:24 NLT ）。 "……但多年来，我的百姓忘记了我……"（耶利米书 2:32 NLT ）。 然而，他"……爱〔他的子民〕……有永恒的〔忠信〕……爱……」（耶利米书 31: 3 KJV ）。 「……不是说〔他的百姓〕……爱神，乃是他爱〔他们〕……」（约翰一书 4:10 KJV ）。 当神的子民拒绝他时，他会忠于他们吗？ 是的。 "以色列年幼时，我爱他，我把我的儿子从埃及召出来。但我越呼求他，他就越远离我，向巴力的偶像献祭，向偶像烧香。我亲自教以色列人走路，牵着他的手。但他不知道，甚至不在乎是我照顾他。我用善良和爱的绳索带领以色列。我从他脖子上抬起轭，我自己弯腰喂他。"但既然我的百姓不肯归向我，他们必回到埃及，……他们必毁灭他们，陷入自己的邪恶计划中。因为我的百姓决意离弃我。他们称我为至高者，但他们并不真正尊敬我。"哦，我怎么能放弃你，以色列？我怎么能让你走呢？我怎么能摧毁你……我的心在我体内撕裂，我的怜悯溢出。不，我不会释放我的猛烈愤怒。我不会完全毁灭以色列，因为我是神，不是凡人。我是住在你们中间的圣者，我必不来灭亡。总有一天，人们会跟着我。我耶和华必像狮子吼叫。当我咆哮时，我的子民会回来……我会把他们带回家，"耶和华说。"（何西阿书 11 NLT ）。 "现在，我们的神啊，在这一切之后，我们还能说什么呢？我们又一次放弃了你的命令！」（以斯拉记 9:10 NLT ）。

____

____

____

11. 当祂的子民抛弃祂、忘记祂或不听从祂的指示时，祂会以什么样的态度向他们显明？"……他们拒绝服从，不记得你为他们所行的神迹。相反，他们变得顽固，并任命了一位领袖将他们带回他们在埃及的奴隶制。但你是饶恕的神，有恩典，有怜悯，不轻易发怒，并有丰盛的慈爱。你没有抛弃他们……"（尼希米记 9:17 ）。 然而，"……再一次[你的人民] ……放弃了你的命令！」（以斯拉记 9:10 NLT ）。 "……必有许多国民经过这城，各人对邻舍说，耶和华为何向这大城如此行呢？ 他们必回答说，因为他们离弃耶和华他们神的约，敬拜别神，事奉他们……"（耶利米书 22: 8-9 ）。

"……〔然而〕……因你的大怜悯，你没有完全毁灭他们，也没有永远抛弃他们。多么仁慈和怜悯[忠诚] ……神啊，你是！」（尼希米记 9 ： 31 NLT ）。 神如何显示祂忠信的怜悯？ "……耶和华对他们说：'……我就医治你们的不信；我的慈爱必无限，因为我的怒气必永远消逝……」（何西阿书 14: 4 NLT ）。 "这里有爱，不是因为我们爱神，而是因为祂爱我们，差遣祂的儿子为我们的罪作挽回祭（替代、干预）。」（约翰一书 4:10 KJV ）。 "……没有比舍命更大的爱了……"（约翰福音 15:13 NLT ）。 神的"……爱……常保守，常托靠，常盼望，常忍耐，〔神的〕……爱永不止息……"（林前 13: 4-8 ）。 "……出于耶和华的怜悯，我们不至灭亡，因为他的怜悯不致消失。每早晨，这都是新的。你的诚实极其广大！ "（耶利米哀歌 3:22 -23 ）

____

____

____

12.神的子民在旧约中抛弃了他吗？ "……他们抛弃了我，不听我的话……」（耶利米书 16:11 NLT ）。 "……他们离弃了耶和华……他们背弃了他……。（历代志下 29: 6 ）"……我的百姓离弃我的训词，不肯听从我的话……」（耶利米书 9:13 NLT ）。 神对他们的怜悯是否"曾经"削弱过？为什么？ "……我是耶和华，我不改变……"（玛拉基书 3: 6 KJV ）。 "耶稣基督昨日今日永永远远是一样的"（希伯来书 13: 8 ）。

"……我们不灭亡是出于耶和华的怜悯……"（耶利米哀歌 3:22 -23 ）。 "……你的信实极其广大……"（耶利米哀歌 3:22 -23 ）。

____

____

13.神的子民今天离弃他吗？ 如何？他们"堕落"或"故意继续犯罪。他们"侮辱（冒犯）内住的恩典圣灵"（不尊重、羞辱）。 "……如果我们故意继续犯罪……你认为践踏神的儿子、将使他们成圣的约之血视为不圣洁、侮辱恩典之灵的人，应该受到多大程度的惩罚？ ……（希伯来书 10:26 -31 ）神对那些选择抛弃祂的人有什么态度？ "……他对我们的爱是大的，耶和华的诚实存到永远。 赞美耶和华"（诗篇 117: 2 KJV ）。 "……神是信实的……"（哥林多前书 1: 9， 10:18 和哥林多后书 1:18 KJV ）。 "……祂是神，是信实的神……"（申命记 7: 9 KJV ）。 "……那召你们的本是信实的……"（帖撒罗尼迦前书 5:24 ）。 "……主是信实的……"（帖撒罗尼迦后书 3: 3 NASB ）。 "……那应许的是信实的……"（希伯来书 10:23 ）。 神的信实是否表明了人类对他的爱或他对他们的无条件的爱？ "……不是说我们爱神，而是他爱我们……"（约翰一书 4:10 KJV ）。 "……神如此爱世人，赐下……"（约翰福音 3:16 ）。 "……这就是爱，不是我们爱神，乃是神爱我们……"（约翰一书 4:10 ）。 "……我们爱，因为他先爱我们……"（约翰一书 4:19 ASV ）。 神"……不爱惜自己的儿子，却为我们众人将他交出来……"（罗马书 8:32 KJV ）。 "……在我们还是罪人的时候，神差遣基督为我们而死……"（罗马书 5: 7-9 NLT ）。 "……没有比舍命更大的爱了……"（约翰福音 15:13 NLT ）。

____

____

14. 引导者何时是忠诚的，何时表现出神的品格？ "……写信给你忠心的仆人利未人……"（申命记 33: 8-11 ）。 "……在这个世界上，我们像耶稣一样（忠心）……"（约翰一书 4:17 ）。 "……主是信实的……"（帖撒罗尼迦后书 3: 3 NASB ）。 内住的圣灵能帮助引导者保持忠诚吗？ 是的。 "……是神在〔引导者〕中作工，立志行事（忠心），以实现祂的美意……"（腓立比书 2:13 ）。 "……那伟大的牧羊人，……装备〔牧羊人〕……一切行他旨意的好处（忠心），并愿他藉着耶稣基督，在〔牧羊人〕……他所喜悦的事上工作……"（希伯来书 13:20 -21 ）。 敬虔的忠诚是送给接待员的礼物吗？ "……人除了从天上赐给他以外，一无所获……"（约翰福音 3： 27 ）。 "……主必赐下美好的……"（诗篇 85:12 ）。 "……圣灵生出属灵的生命……"（约翰福音 3: 6 ）。 "……圣灵的果子就是爱、喜乐、平安、忍耐、仁慈、良善、信实……"（加拉太书 5:22 ）。

"……各样美善的恩赐，各样完全的恩赐，都是从上头来的，是从光明之父降下来的……"（雅各书 1:17 ）。 "……你有什么是神没有赐给你的？ ……"（哥林多前书 4: 7 NLT ）。 "……感谢神所赐的难以言喻的恩赐……"（哥林多后书 9:16 KJV ）。 "……我们把这财宝放在瓦器中……"（哥林多后书 4: 6-7 KJV ）。 "……〔人们会〕……知道（见证）〔你〕……所拥有的一切都是〔来自〕〔神〕的恩赐……"（约翰福音 17: 6-9 NLT ）。 "……因着神的恩典，我就是我……"（哥林多前书 15:10 ）。 "……因着神的恩典……他们是什么……"（哥林多前书 15:10 ）。 如果引导者选择依靠上帝，他们能忠诚吗？ "……在这个世界上……像耶稣（忠心）……"（约翰一书 4:17 ）。 "……你忠心的仆人利未人 ……"（申命记 33: 8-11 ）。 "……〔他们〕……可以藉着基督做一切使……〔他们〕坚固的事"（腓立比书 4:13 KJV ）。

"……是神在〔引导者〕……中作工，立志行事，为要成就祂的美意"（腓立比书 2:13 ）。

第 6 章

沉默的语言

"……你们是世上的光。 坐落在山上的城是不能隐藏的；也没有人点亮灯，把它放在篮子底下，而是放在灯台上，它照亮了房子里的所有人。 愿你们的光照在人前，使他们看见你们的善行，并荣耀你们在天上的父。……」（马太福音 15:14 -15 NASB ）。

经文： "……你们是世上的光……你们的光要照在人前，使他们看见你们的善行，就荣耀你们在天上的父。……」（马太福音 15:14 -15 NASB ）。

课程的目的或目标： 了解引导者的沉默语言是如何大声说话的。

应用课程：练习用你的性格而不是简单地用你的嘴来见证基督般的品格

主题讨论：学习如何在不说一句话的情况下互相交谈。 我母亲最喜欢的歌曲之一是"我的这盏小灯。"这是一首简单而深刻的歌曲，充满了意义。 对于迎宾员来说，这是一首合适的歌曲。 神对他的门徒说："……你们是世上的光。 ……你们的光要照在人前，使他们看见你们的善行，就要荣耀你们在天上的父。……」（马太福音 15:14 -15 NASB ）。 像门徒一样，他们也是信徒，引领者要成为世界的光。"……你们是世上的光。……（马太福音 15:14 -15 NASB ）。 他们是"成为"光，与"成为"黑暗相反，黑暗是罪或"肉体的行为"。"……肉体的行为是显而易见的，即：不道德、不纯洁、肉欲、偶像崇拜、巫术、敌意、冲突、嫉妒、愤怒的爆发、争执、纠纷、派别、嫉妒、醉酒、狂欢，以及类似的事情……"（加拉太书 5:20 -22 NASB ）。 就其影响力而言，一座坐落在山上的灯火通明的城市"不可能"被隐藏起来。"……坐在山上的城是不能隐藏的；也没有人点灯，把它放在篮子底下，而是放在灯台上，它照亮了房子里的所有人。……」（马太福音 15:14 -15 NASB ）。 门徒或引导者应该让他们的光芒照耀，照亮他们居住和服侍的邻居。

"……你们的光要照在人前，使他们看见你们的善行，就要荣耀你们在天上的父。……」（马太福音 15:14 -15 NASB ）。"……你们是世上的光。……（马太福音 15:14 -15 NASB ）。 这是神圣性格的另一个独特特征，他将耶稣，他活生生的话语，描述为光"……耶稣再次对他们说话，说："我是世界的光；跟随我的人不会在黑暗中行走，但会拥有生命的光……"（约翰福音 8:12 NASB ）。"……我是世上的光……"（约翰福音 9: 5 NASB ）。"……生命在他里面，生命是人的光……"（约翰福音 1: 4 ）。"……真光来到世上，照亮各人……"（约翰福音 1: 9 NASB ）。"……耶稣对他们说：'光在你们中间还有不多的时候。 趁着光行走，免得黑暗追上你；在黑暗中行走的，不知道往哪里去。 当你们有光的时候，要相信光，好使你们成为光明之子……"（约翰福音 12:35:36 ）。

"……我是世上的光……"（约翰福音 9: 5 NASB ）。"……在这个世界上……〔你们〕……就像耶稣（也是光）……"（约翰一书 4:17 ）。"……你们是世上的光。……（马太福音 15:14 -15 NASB ）。 神通过内住的灵，将"光"归于人。"……真光……照亮每个人……"（约翰福音 1: 9 NASB ）。"……耶稣……说……"我是世上的光……"（约翰福音 8:12 NASB ）。"……耶稣基督在你们里面……"（哥林多后书 13: 5 KJV ）。"……基督在你里面……"（歌罗西书 1:27 KJV ）。 因此，"……你们〔现在〕……是世上的光。……（马太福音 15:14 -15 NASB ）。 领袖，神的门徒，将他的光照耀在他们的势力范围上。所有门徒都应该如此，他们将凭借内住的灵和与耶稣基督有相同思想，作为真理的见证而发光。"……基督住在〔你们〕里面……"（加拉太书 2:20 KJV ）。"……你们的光要照在人前，叫他们看见……"（马太福音 15:14 -15 ）。

"……这心要在你们里面，就是在基督耶稣里面……"（腓立比书 2: 5 ）。 亚瑟的居所之光被赐给他们，以影响那些进出教会的人。"……你们要证明自己是无可指责和无辜的，是神的儿女，在弯曲乖僻的世代中无可指责，在他们中间你们显为世上的光……"（腓立比书 2:15 NASB ）。 展示"真光"的引座员不能被隐藏，但会被许多人看到。"……你们的光要照在人前，叫他们看见……"（马太福音 15:14 -15 ）。 每周或定期在教堂门口和礼拜期间，迎宾员的灯光照耀。 他们的目的是将荣耀归给神："……你们是世上的光。 ……你们的光要照在人前，使他们看见你们的善行，就要荣耀你们在天上的父。……」（马太福音 15:14 -15 NASB ）。 女性被告知要让自己的光芒照在丈夫面前。"……你们的谈话要成为……在神眼中看为贵重的温顺安静的灵的装饰……"（彼得前书 3: 1-6）。 这种光可以看到，不一定是说出来的。 这是一个非语言见证。

"……你们的光要照在人前，使他们能看见……"（马太福音 15:14 -15）。 她用神迹和信号彼此沟通，只需要很少的谈话。 "……无论〔带领者〕做什么，〔让他或她〕……全心全意地去做，像对待主一样……"（歌罗西书 3:23 KJV）。 "……无论你们在言语或行为上做什么，都要奉主耶稣的名去做……"（歌罗西书 3:17 KJV）。 每个引导者都受过训练，可以使用和学习教会引导者密码的每个标志和信号的含义。 "……每个人都有神适当的恩赐……"（哥林多后书 7: 7 KJV）。 引导者使用和学习这些标志和信号代码，以免在服务时引起不必要的注意。 "……顺服……不是用眼睛服务，像讨人喜欢的那样；而是用单一的心，敬畏神……"（歌罗西书 3:22 KJV）。

引导者之间的这种无声沟通如此有效的原因是彻底了解引导者代码和持续的警觉性。 "……神赐给我们不同的恩赐，要我们把某些事做好……"（罗马书 12: 6 NLT）。 如果不了解正确的代码，引座员可能会对整个引座员板造成严重破坏，使他看起来无法履行职责。 "……一个罪人……毁灭[编辑]……多好……"（传道书 9:18 NASB）。 在一个团队的努力下，共同努力，影响每一个相关的引导者；无论是消极的还是积极的。 正如圣经所说： "……罪借着一人进入世界，死也借着罪进入世界，于是死就传给'众人'……"（罗马书 5:12 KJV）。 当引座员不知道守则或误解守则时，不仅会影响引座员的护理服务，还会影响他们的沉默见证，即留宿之光。 "……因为一个人不顺服神，许多人就成了罪人……"（罗马书 5:19 NLT）。

"……所以要小心，你里面的光不是黑暗的……"（路加福音 11:35 KJV）。 利未人通常掌握无声语言的艺术。 他们学会了 "……有时间保持沉默，有时间说话……」（传道书 3: 7 KJV）。 保持安静有时是迎接者的一场斗争，但这是一种美德，可以让人们看到内在的光芒。 "……你是……世界之光。 ……（马太福音 15:14 -15 NASB）。 许多召唤和办公室要求人们直言不讳，他们有权这样做。 然而，引导者拥有沉默、平静和个人谦虚的令人难以置信的技能。 "……真正有智慧的人很少说话；有智慧的人脾气暴躁……"（箴言 17:27 NLT）。 引领者没有胆怯的精神，但有力量、爱和健全的头脑，这使他们成为沉默见证的虔诚榜样，让他们的光芒闪耀。 "……因为神并没有赐下……恐惧和胆怯的灵，而是能力、爱和自律的灵……"（提摩太后书 1: 7）。

"……你们的光要照在人前……使他们能看见……"（马太福音 15:14 -15）。 引领者让光照耀的重要性是默默地向周围的人作见证。"……使他们能看见……"（马太福音 15:14 -15 NASB）。 沉默的见证，或行动，或引导者的行为，大声谈论里面的果子。"……凭着他们的果子，就可以认出他们来……"（马太福音 7:20 KJV）。 作为一个整体，许多引导者是热情、善良、关怀、乐于助人、谦逊、自律和合作的。 "……他们可能会看到你的善行。……」（马太福音 15:14 -15 NASB）。 这些都是基督般的特质，可以被别人看到或阅读，而无需引导人说出一句话.

"…… [引领者] ……生命是写在[他们] ……心中的一封信；每个人都可以阅读并认识到[他们] ……他们之间的良好工作…… [他们] ……显然，[引领者] ……是基督的一封信，显示了你们[他们] ……事奉的结果。 这封"信"不是用笔和墨水写的，而是用永生神的灵写的。它不是刻在石板上，而是刻在人的心上……"（哥林多后书 3: 1-3 NLT）。 "……在这个世界上……〔他们〕……是……〔要〕……像耶稣……"（约翰一书 4:17）。 大多数引导者一言不发地讲道。 他们的行为见证了他们对耶稣基督的忠诚。"……使〔别人〕……能看见……"（马太福音 15:14 -15 NASB）。 说出神的话语是必要的，因为听福音对救恩很重要。

"......基督的福音......是神的能力，能拯救一切信的人......"（罗马书 1:16 KJV ）。 "......未曾听见的人，怎能信他呢？未曾听见的人，怎能听见呢？"（罗马书 10:14 KJV ）。 然而，有时候，我们行动的结果是最响亮的。"......凭着他们的果子，你们必认识他们......"（马太福音 7:20 KJV ）。"......使他们能看见......"（马太福音 15:14 -15 NASB ）。 引领者的沉默语言、见证和服务揭示了他们个人对基督的爱和与基督的关系。"......你们多结果子，证明你们是我的门徒，这就使我父得荣耀"（约翰福音 15: 8 ）。 引领者与那些在教会门口进进出出的人分享基督，他们沉默但深刻地见证了敬虔的光！！！"......你们的光要照在人前......使他们能看见......"（马太福音 15:14 -15 ）。

引导者是一盏灯

1.光有哪些定义？ "我的这盏小灯"这首歌在说什么？ 迎来一盏灯吗？ "......你们是世上的光。 ......」（马太福音 15:14 -15 NASB ）。 神吩咐引导者用他赐给他们的光做什么？ "......你们的光要照在人前，使他们看见你们的善行，就要荣耀你们在天上的父。......」（马太福音 15:14 -15 NASB ）。

____

____

____

2.如果引导者不让自己的光芒照耀，他们的生活中会有什么显而易见的变化？ 肉体的行为是什么？ "......肉体的行为是显而易见的，它们是：不道德、不纯洁、性欲、偶像崇拜、巫术、敌意、冲突、嫉妒、愤怒的爆发、争执、纠纷、派别、嫉妒、醉酒、狂欢，以及类似的事情......"（加拉太书 5:20 -22 NASB ）。 引导者能对神隐瞒自己的行为吗？ "......神不像人看人，因为人看外貌，耶和华看内心......"（撒母耳记上 16: 7 ）。 神看着"心里隐藏的人......"（彼得前书 3: 4 KJV ）。 它是"......从内心，从人的心中，进行邪恶的思想（黑暗的行为）......这些......来自内心，玷污一个人。」（马可福音 7：21-23 ）。

____

____

____

3.上帝指示引导者让他们的光芒闪耀？ "......你们的光要照在人前，使他们看见你们的善行，就要荣耀你们在天上的父。......」（马太福音 15:14 -15 NASB ）。 如果引导者遵循神的指示，他们会"永远"在光明中行走吗？ "......耶稣又对他们说：'我是世上的光；跟从我的，必不行在黑暗里，必得生命的光......"（约翰福音 8:12 ）。 谁是世界之光？ "......我是世上的光......"（约翰福音 9: 5 NASB ）。 "......生命在他里面，生命是人的光......"（约翰福音 1: 4 ）。 "......真光来到世上，照亮各人......"（约翰福音 1: 9 NASB ）。 "......耶稣对他们说：'光在你们中间还有不多的时候。 当你有光的时候行走，免得黑暗追上你；......"（约翰福音 12:35:36 ）。 引路人如何成为世界的光？ "......真光来到世上，照亮各人......"（约翰福音 1: 9 NASB ）。 "......耶稣说......要信光，使你们成为光明之子......"（约翰福音 12:35:36 ）。 "......我是世界的光......"（约翰福音 9: 5 NASB ）。 "......在这个世界上......〔你们〕......就像耶稣（也是光）......"（约翰一书 4:17 ）。 "......你们是世上的光。 ......（马太福音 15:14 -15 NASB ）。

____

____

____

4. 上帝把领路人的灯放在哪里？ 在他们里面。"......耶稣基督在〔引路人〕里......"（哥林多后书 13: 5 KJV ）。 "......基督在〔使者〕里......"（歌罗西书 1:27 KJV ）。 "......真光......照亮每一个〔引路人〕......"（约翰福音 1: 9 NASB）。 "......耶稣......说......"我是世上的光......"（约翰福音 8:12 NASB）。 因此，"...... [引领者现在是] ......世界之光。 ......（马太福音 15:14 -15 NASB）。 既然基督住在引导者里面，他们的"光"就是要为他人作见证吗？ 是的。"......基督住在〔他们〕里面......"（加拉太书 2:20 KJV）。 "......你们的光要照在人前，叫他们看见......"（马太福音 15:14 -15）。 "......这心要在你们里面，就是在基督耶稣里面......"（腓立比书 2: 5）。 只要引领者依靠上帝透过他们发光，他们就会成为他的见证人吗？ 是的。"......坐在山上的城是不能隐藏的；也没有人点灯，把它放在篮子底下，而是放在灯台上，它照亮了房子里的所有人。 ......」（马太福音 15:14 -15 NASB）。 "......我常与你们同在，直到世界的末了......"（马太福音 28： 20）。

"......神曾说：'我决不撇下你（肉身），决不丢弃你（情感）......"（希伯来书 13: 5）。 "......看哪，我与...... [你]同在，无论[你] ......去哪里，我都会保留...... [你] ......因为我不会离开[你] ......。"（创世记 28:15 ASV）。 "......要刚强壮胆，不要惧怕，也不要惧怕他们；因为耶和华你的神必与你同去；他必不撇下你，也不丢弃你......"（申命记 31: 6 KJV）。 "......因为耶和华你的神与你同去，为你争战......"（申命记 20: 4 NASB）。

5.引导者之光将如何向他人证明和见证？ "......你们要证明自己是无可指责和无辜的，是神的儿女，在弯曲乖僻的世代中无可指责，在他们中间你们显为世上的光......"（腓立比书 2:15 NASB）。 "......你们的光要照在人前，叫他们看见......"（马太福音 15:14 -15）。 "......你们是世上的光。 ......你们的光要照在人前，使他们看见你们的善行，就要荣耀你们在天上的父。......」（马太福音 15:14 -15 NASB）。 这盏留置灯是口头见证还是非口头见证？"......你们的光要照在人前，叫他们看见......"（马太福音 15:14 -15） "......你们的谈话要成为......在神眼中看为贵重的温顺安静的灵的装饰......"（彼得前书 3: 1-6 KJV）。

引座员的沉默语言
6.引路人心目中的光，他们还使用什么其他沉默的语言？ "......无论〔引路人做什么〕，〔让他或她〕......全心全意地行事，像向主行事一样......"（歌罗西书 3:23 KJV）。 "......无论你们在言语或行为上做什么，都要奉主耶稣的名行事......"（歌罗西书 3:17 KJV）。 引导者是否需要接受培训，才能使用标志和信号的无声语言？"......每个人都有神的适当恩赐......"（哥林多后书 7: 7 KJV）。 引导者使用标志和信号的原因之一是什么？ "......顺服（遵行神的吩咐）......不是用眼睛服务，像讨人喜欢的那样；而是单纯的心，敬畏神......"（歌罗西书 3:22 KJV）。 是什么让引领者之间的沉默语言在团结中起作用？"......神赐给我们不同的恩赐，要我们把某些事做好......"（罗马书 12: 6 NLT）。

7.如果接待员不知道接待员密码，会发生什么情况？ "......一个罪人......毁灭......多好......"（传道书 9:18 NASB）。 当亚当和夏娃不再作为一个团队一起工作时，会发生什么？ "......罪通过一个人进入世界，死通过罪，于是死亡传给了"众人"......（罗马书 5:12 KJV）。 亚当和夏娃缺乏团队合作如何影响他人？ "......因为一个人不顺服神，许多人就成了罪人......"（罗马书 5:19 NLT）。 "......所以要小心，你里面的光不是黑暗的......"

（路加福音 11:35 KJV）。 为什么合作、团队合作和学习引导者守则是对你的同伴的爱的标志？"......爱不会伤害别人......"（罗马书 13:10 NLT）。"......爱不是......无礼......"（哥林多前书 13: 4-8）。"爱......不是自私的......"（哥林多前书 13: 4-8）。"......亲爱的，我最希望...... [你] ......能兴旺发达，身体健康，就像你的灵魂兴旺发达一样......"（约翰三书 1: 2 KJV）。

____

____

____

8.圣经真理引导者可以教导别人有关沉默见证的哪些令人敬畏的真理？ "......沉默的时候，说话的时候......。」（传道书 3: 7 KJV）。 "......你是......世界之光。......（马太福音 15:14 -15 NASB）。 "......真正有智慧的人很少说话；有智慧的人脾气暴躁......"（箴言 17:27 NLT）。

____

____

____

9.成为一个沉默的见证人是不容易的，但是一个引导者在成为一个沉默的见证人时会有什么样的内在精神？ "......因为神并没有赐下......恐惧和胆怯的灵，而是能力、爱和自律的灵......"（提摩太后书 1: 7）。 "......你们的光要照在人前......使他们能看见......"（马太福音 15:14 -15）。 引路人的留置之光能做什么？ "......使他们看见......"（马太福音 15:14 -15 NASB）。 "......他们可能会看到你的善行。......（马太福音 15:14 -15 NASB）。你怎么知道引路人的光透过他们照耀？ "......凭着他们的果子，你就认识他们......"（马太福音 7:20 KJV）。 是非题：引导者的轻松和沉默的语言可以通过一个口头词被其他人看到和阅读。 "...... [引领者] ......生命是写在[他们] ......心中的一封信；每个人都可以阅读并认识到[他们] ......他们之间的良好工作...... [他们] ......显然，[引领者] ......是基督的一封信，显示了你们[他们] ......事奉的结果。 这封"信"不是用笔和墨水写的，而是用永生神的灵写的。 它不是刻在石板上，而是刻在人的心上...... "（哥林多后书 3: 1-3 NLT）。 "......在这个世界上......〔他们〕 ......是......〔要〕......像耶稣......"（约翰一书 4:17 NIV）。"......叫〔别人〕......看见......"（马太福音 15:14 -15 NASB）。

____

____

____

10.沉默的见证人如何像口头见证人一样强大？ "......基督的福音......是神的能力，能拯救一切信的人......"（罗马书 1:16 KJV）。 "......未曾听见的人，怎能信他呢？未曾听见的人，怎能听见呢？"（罗马书 10:14 KJV）。" ......凭着他们的果子，就可以认出他们来...... "（马太福音 7:20 KJV）。" ......使他们能看见...... "（马太福音 15:14 -15 NASB）。"......你们多结果子，证明你们是我的门徒，这就使我父得荣耀"（约翰福音 15: 8）。 "......你们的光要照在人前......使他们能看见......"（马太福音 15:14 -15）。 当引导者在主的殿中引导时，他们是否会给别人带来光明？ 如果你仔细看，"......〔领路人〕......照亮屋里所有的人......"（马太福音 15:14 -15 NASB）。

____

____

____

_____

第 7 章

羊和牧羊人

"……看门人为他开门，羊认出他的声音来到他那里……"（约翰福音 10: 1-10 ）。
"……看门人……为牧人开门……"（约翰福音 10: 1-10 ）。

经文： "……看门人为……羊开门……"（约翰福音 10: 1-10 ）。 "……看门人……为牧人开门……"（约翰福音 10: 1-10 ）。

课程的目的或目标： 了解神的羊是谁，祂的牧人是谁。

课程的应用： 学会通过神的话语和他按立的牧羊人辨别神的声音

主题讨论： 学习羊的角色和牧羊人的角色。 我们对绵羊了解多少？ 曾经，绵羊可能被认为是货币，是巨大财富的标志。 "……罗得……也变得非常富有，有羊群……"（创世记 13: 5 NLT ）。 "……主大大赐福给我的主人，使他成为富足的人。 耶和华赐给他羊群……"（创世记 24:35 ）。 "……雅各变得非常富有，有大群的羊……"（创世记 30:43 NLT ）。 绵羊也有助于滋养身体，喝牛奶，羊毛和躲藏衣服，做帐篷的皮革，并且是圣殿祭品中焚烧、罪恶、内疚和平安祭的主要祭品。 绵羊被用来支付和贡品（列王纪下 3: 4 KJV ）。

"……让我今天检查你们的羊群，把所有……有斑点或有斑点的羊，以及所有的黑羊移走。 把这些当作我的工价……给我"（创世记 30:32 NLT ）。 羊群通常有一个牧羊人，每当他们被召唤时，他们都会跟随牧羊人的声音。 "……你借摩西和亚伦的手引导你的百姓，好像羊群一般……"（诗 70:20 ）。 "……以色列的牧人啊，你带领约瑟如羊群……"（诗篇 80: 1 KJV ）。 "……羊认出他的声音来到他那里……"（约翰福音 10: 1-10 NASB ）。 绵羊在呼唤牧羊人时，具有不可思议的能力，只能听从牧羊人的声音。 "……羊认出他的声音来到他跟前……因为他们认识他的声音。 他们不会跟随陌生人；他们会逃避他，因为他们不认识他的声音……"（约翰福音 10: 1-10 ）。 如果牧羊人召唤一只羊，那只羊将离开自己的地方，所有其他的羊都会急切而快乐地顺服地去到他或她的牧羊人那里。 "……羊认出他的声音来到他那里……"（约翰福音 10: 1-10 NASB ）。 就我个人而言，我不知道还有其他动物可以在所有其他声音中认出守护者的声音。 "……羊认出他的声音……"（约翰福音 10: 1-10 NASB ）。 他们不仅能认出自己的牧羊人的声音，还能逃避陌生人的声音。

"……他们不会跟随陌生人；他们会逃避他，因为他们不认识他的声音……"（约翰福音 10： 1-10 ）。 主和救主，耶稣基督可以与羊的一些经历联系起来。 "……他被带到……剪羊毛的人面前……"（以赛亚书 53： 7；使徒行传 8： 32 ）。 羔羊和绵羊是同类的，但绵羊是成年的，羔羊是后代。 耶稣 "……像羔羊被牵去宰杀……"（以赛亚书 53: 7 &使徒行传 8:32 KJV ）。 然而，羔羊是归因于基督的主要象征。 "……约翰看见耶稣……说，看哪，神的羔羊……"（约翰福音 1:29 KJV ）。 "……仰望耶稣……他说，'看哪，神的羔羊。'"（约翰福音 1:36 KJV ）。 此外，羔羊也可以是耶稣无罪的象征。 "……我差你们出去，如同羊羔（无辜的）进入狼群（有罪的）……"（路 10: 3 KJV ）。 在旧约中，羔羊和"不是"绵羊被用作罪的祭品。 "……看哪，神的羔羊，除去世人罪孽的"（约翰福音 1:29 KJV ）。 此外，领路人为牧羊人打开教堂的大门。 引领者不仅向人们敞开教会的大门，而且也向人类牧羊人敞开大门。 牧羊人是第一个进入比喻大门的。 "……但从门进来的是羊的牧人……"（约翰福音 10: 1-10 ）。 "……羊群的牧人，……〔因此〕……"是"……从门进来的……"和"……〔引路人〕……为他开门……"（约翰福音 10: 1-10 ）。 耶稣是首席牧羊人，他呼召人们成为牧羊人。 他们被称为牧师或长老。 "……因此，我劝勉你们中间的长老，作为你们的长老同伴……在你们中间牧养神的羊群，不是在强迫之下，而是根据神的旨意，自愿地进行监督；不是为了肮脏的收获，而是渴望；也不是主宰那些分配给你们的人，而是证明是羊群的榜样。 当牧首出现时，你将获得永不褪色的荣耀冠冕。 ……愿平安归与你们所有在基督里的人……"（彼得前书 5: 1-4 ）。 人类牧羊人/牧师也"……作为你的长老同伴……"从大门进来，神指派人类牧羊人照料他的羊群，这样他的羊群就可以通过他们不断听到"他的"声音。 "……我必将合我心意的牧人赐给你们，他们必以知识和悟性引导你们……"（耶利米书 3:15 ）。

"……他给了一些……牧师（牧羊人）和教师……"（以弗所书 4:11 ）。 "……我必立牧人牧养他们……耶和华说……"（耶利米书 23: 4 KJV ）。 "……我必立一个牧人管理他们，牧养他们，就是我的仆人大卫；他必牧养他们，作他们的牧人……"（以西结书 34： 23 ）。 人类牧羊人/牧师进入教会门口或大门，作为上帝的喉舌（声音）来牧养或喂养羊群。 "…… [引路人] ……为他开门……"（约翰福音 10: 1-10 NASB ）。 人类牧羊人要传讲神的信息。 "…… [所以] ……羊…… [要] ……认出[神的] ……声音…… [通过人类牧羊人] ……来到他那里……"（约翰福音 10: 1-10 NASB ）。 "……看门人为〔牧人〕开门……从〔门〕进来的人……必得救……"（约翰福音 10： 1-10 ）。 一群羊的牧羊人会引导他们进入绿色的牧场、流水或水槽，然后引导他们进入羊圈。 "……我必立一个牧人照管他们，他必牧养他们……"（以西结书 34： 23 ）。

牧羊人会数数每一只羊，当它们走到入口门的杆子下时，以确保没有一只羊丢失。 牧羊人从未离开过羊群，但始终看着它们；有时在狗或助手的帮助下。 如果有人碰巧走开了，牧羊人会离开羊群的其余部分去寻找迷路的羊，并将其带回安全的地方。 圣经说："……耶和华他们的神必拯救他的百姓，如同牧人拯救他的羊……"（撒迦利亚书 9:16 ）。 "……牧羊人在分散的羊群中寻找羊群，我也必寻找我的羊，将它们从分散的地方救出来……"（以西结书 34： 12 ）。

在羊群安全地藏在羊圈里之后，牧羊人会在夜间守卫入口，躺在大门前，以防止野生动物或小偷的任何攻击。 亚当的儿子亚伯是第一个有记载的牧羊人（创世记 4: 2 KJV ）。 在以色列人的早期圣经时代，当牧羊人曾经是一个非常著名的职业。 对牧羊人或牧羊人的提及出现了 200 多次，已被翻译为"喂养"或"喂养"。"牧羊人"这个头衔代表国王、先知、领袖和耶稣的职位，耶稣说他是首席牧羊人。 "……当牧首显现时……"（彼得前书 5: 4 KJV ）。 在启发本章方面发挥作用的最令人信服的参考资料和经文是约翰福音第 10 章，其中耶稣称自己为"……好牧人……"（约翰福音 10： 11 KJV ）。 "……好牧人为羊舍命……"指出神通过基督与信徒的关系（约翰福音 10:11 KJV ）。

绵羊

1.曾经有一段时间羊被认为是财富的标志吗？ "……罗得……也变得非常富有，有羊群……"（创世记 13: 5 NLT ）。 "……主大大赐福给我的主人，使他成为富足的人。耶和华赐给他羊群……"（创世记 24:35 ）。 "……雅各变得非常富有，有大群的羊……"（创世记 30:43 NLT ）。 说出绵羊的其他用途。 "……让我今天检查你们的羊群，把所有……有斑点或有斑点的羊，以及所有的黑羊移走。 把这些当作我的工价……给我"（创世记 30:32 NLT ）。 一群羊叫什么名字？ "……你借摩西和亚伦的手引导你的百姓，好像羊群一般……"（诗 70:20 ）。 "……以色列的牧人哪，你引导约瑟如同羊群……"（诗篇 80: 1 KJV ）。 羊能认出自己牧人的声音吗？ "……羊认出他的声音来到他跟前……"（约翰福音 10: 1-10 ）。 "……羊认出他的声音来到他跟前……因为他们认识他的声音。 他们不会跟随陌生人；他们会逃避他，因为他们不认识他的声音……"（约翰福音 10: 1-10 ）。

2.羊听见牧人的声音做什么？ "……羊认出他的声音来到他跟前……"（约翰福音 10: 1-10 ）。 除了自己的声音，绵羊还会听任何其他牧羊人的声音吗？ "……他们不会跟随陌生人；他们会逃避他，因为他们不认识他的声音……"（约翰福音 10 ： 1-10 ）。

3.耶稣的一些经历如何像羊的经历？ "……他被带到……剪羊毛的人面前……"（以赛亚书 53 ： 7 ；使徒行传 8 ： 32 ）。 耶稣"……像羔羊被牵去宰杀……"（以赛亚书 53: 7 &使徒行传 8:32 KJV ）。 羔羊是耶稣的象征吗？ 为什么或者为什么不呢？ "……约翰看见耶稣……说，看哪，神的羔羊……"（约翰福音 1:29 KJV ）。 "……仰望耶稣……他说，'看哪，神的羔羊。'"（约翰福音 1:36 KJV ）。 "……我差你们出去，如同羊羔（无辜的）进入狼群（有罪的）……"（路 10: 3 KJV ）。

4.旧约中赎罪祭（羔羊）的目的是什么？ "……几乎所有的事都被律法用血洗净；不流血就不得赦免……"（希伯来书 9:22 KJV ）。 "……因为肉体的生命在血中；我已经把它赐给你们，在祭坛上为你们的灵魂赎罪：因为这是为灵魂赎罪的血……"（利未记 17:11 KJV ）。 动物献祭有什么问题？ "因为律法，因为它只有美好事物的影子，而不是事物的形式，永远不可能通过他们年复一年不断提供的同样的牺牲，使那些靠近的人完美。 否则，他们会不会不再被供奉，因为敬拜者一旦被洁净，就不再有罪恶的意识了？ 但在这些牺牲中，年复一年地提醒我们罪恶。 因为公牛和山羊的血不能除去罪孽……"（希伯来书 10: 1-4 ）。

5.罪在人与神之间造成什么麻烦？ "……〔他们的〕罪孽……将〔他们的〕……与神隔绝……"（以赛亚书 59: 2 KJV ）。神做了什么来消除所造成的分离罪？ "……这里有爱，不是我们爱神，乃是神爱我们，差遣他的儿子……"（约翰一书 4:10 ）。 耶稣基督是赎罪祭，是暂时的还是永久的？ 5. "……基督……一劳永逸地为罪而死，为不义的人为义而死，为要带领我们……归向神……"（彼得前书 3:18 ）。 基督，成为赎罪的牺牲，去除罪恶并做其他事情？ "……使我们……归向神……"（彼得前书 3:18 NASB ）。

6.为什么神和祂的子民之间的新约关系更好？ "……耶稣成了更美之约的担保人……"（希伯来书 7:22 ）。 "……这杯是用我的血所立的新约……这新约是为你们流出来

的……"（路加福音 22:20）。 说出耶稣为使新约更好所做的两件事？"他（耶稣）也是……赎罪祭……"（约翰一书 2: 2）。 "……看哪，神的羔羊，除去世人罪孽的"（约翰福音 1:29 KJV）。真或假：耶稣献祭的死是赎罪祭，是向神还债。"……都犯了罪……"（罗马书 3:23 KJV）。 "……一切不义都是罪……"（约翰一书 5:17）。"……一切恶行都是罪……"（约翰一书 5:17 NLT）。 每个人都该死。"……罪的工价乃是死……"（罗马书 6:23 KJV）。 "……赦免我们的债……"（马太福音 6:12 KJV）。 当耶稣成为你罪的赎罪祭时，你的罪会发生什么？"……〔耶稣〕……是我们罪的赎罪祭……"（约翰一书 2: 2）。 "……他〔完全彻底地〕……除去〔你的罪债〕……"（诗篇 104: 12 KJV）。 "……〔你们〕……藉着他（耶稣）的血得蒙救赎，甚至罪得赦免……"（使徒行传 10:43 KJV）。 "……我要赦免他们的罪孽，不再记念他们的罪孽……"（希伯来书 8:12）。 是非题：他牺牲的死使你能够通过耶稣基督与神建立永恒的圣约关系。"……我就是羊的门……凡从我进来的，必然得救……"（约翰福音 10： 1-10）。

____
____
____

7.神的子民（绵羊）如何能够履行新约的义务和责任？ "……耶稣是……担保人……"（希伯来书 7:22）。 "……〔羊〕……藉着基督，凡事都能作，使〔他们〕得力……"（腓立比书 4:13 KJV）。 "……因为神在〔羊〕里面作工， ……为要成就他的旨意，也要成就他的美意"（腓立比书 2:13）。 神关心祂的羊（子民）吗？ 是的。"……〔神〕……看顾〔他的羊〕……"（彼得前书 5: 7 KJV）。 "……主是〔他们的〕牧羊人。〔羊〕……必不致缺乏……"（诗篇 23: 1 KJV）。 "……你带领你的百姓走那条路，好像羊群一般，有摩西、亚伦作他们的牧人……"（诗 77:20）。 祂必像牧羊人一样牧养羊群，用膀臂收取羊羔，抱在怀里；温柔地引导母羊……"（以赛亚书 40:11 NASB）。 引导者应该知道访客和羊在进入主的殿时会得到祝福吗？是的。"……我们主耶稣基督的父神是应当称颂的，祂是怜悯的父，是一切安慰的神，在我们一切苦难中安慰我们，使我们能够用我们自己所得到的安慰来安慰那些受苦的人……我们的安慰因基督而丰盛。……（哥林多后书 1: 3-5 NASB）。因此， "……看门人……开门……我就是（耶稣）羊的门……"（约翰福音 10: 1-10 NASB）。

____
____
____

牧羊人

8.绵羊在旁边，还有谁从门进来？ 牧羊人。"……但从门进来的是羊的牧人……"（约翰福音 10: 1-10）。 "……羊群的牧人， ……〔因此〕……"是"……从门进来的……"和"……〔引路人〕……为他开门……"（约翰福音 10: 1-10）。 耶稣是主牧羊人。 他也呼召人成为牧羊人。人类牧羊人的头衔是什么？ 牧师、主教、牧师、长老等 "……因此，我劝勉你们中间的长老，作为你们的长老同伴……在你们中间牧养神的羊群，不是在强迫之下，而是根据神的旨意，自愿地进行监督；不是为了肮脏的收获，而是渴望；也不是主宰那些分配给你们的人，而是证明是羊群的榜样。 当牧首出现时，你将获得永不褪色的荣耀冠冕。 ……愿平安归与你们所有在基督里的人…… "（彼得前书 5: 1-4 NASB）。 "……你们的长老同伴……"谁召唤人类牧羊人，他们的职责是什么？ 神呼召牧羊人，他们要喂养羊群。"……我必将合我心意的牧人赐给你们，他们必以知识和悟性引导你们……"（耶利米书 3:15）。 "……他给了一些……牧师（牧羊人）和教师……"（以弗所书 4:11）

"……我必立牧人牧养他们……耶和华说……"（耶利米书 23: 4 KJV）。 "……我必立一个牧人管理他们，牧养他们，就是我的仆人大卫；他必牧养他们，作他们的牧人……"（以西结书 34：23）。

____

____

____

9.谁为牧羊人打开教会之门？ 引领者。「……[引领者]……为他打开大门……」（约翰福音 10: 1-10 NASB）。牧羊人来教会做什么？ 牧养神的羊。"……羊……〔必〕……认出〔神的〕……声音……〔通过牧人〕……来到他那里……"（约翰福音 10: 1-10）。 "……我必立一个牧人照管他们，他必牧养他们……"（以西结书 34：23）。 引领者为那些进入神殿的人打开了什么重要的机会？ 被拯救的机会。 "……看门人为〔牧人〕开门……从〔门〕进来的人……必得救……"（约翰福音 10： 1-10）。 牧羊人的信息如何喂养羊群？ 通过施助传递一个信息，滋养他们的灵魂，使他们远离罪恶的危险。 圣经说： "……耶和华他们的神必拯救他的百姓，如同牧人拯救他的羊……"（撒迦利亚书 9:16）。 "……牧羊人在分散的羊群中寻找羊群，我也必寻找我的羊，将它们从分散的地方救出来……"（以西结书 34：12）。

____

____

____

10.谁是所有人类牧羊人的主要牧羊人？ 耶稣基督（上帝的话语）。 "……当牧首显现时……"（彼得前书 5: 4 KJV）。 "……好牧人……"（约翰福音 10:11 KJV）。 "……[耶稣]好牧人为羊舍命……"（约翰福音 10:11 KJV）。 人类牧羊人的主要责任是什么？ 牧养或喂养羊群。"……喂养他的羊……"（约翰福音 21 章）。 "……这是耶稣从死里复活后，第三次向门徒显现。 ……耶稣对西门彼得说……你爱我比这些更深吗？ 他说：主啊，是的，你知道我爱你。 他对他说，你喂养我的羊羔。 第二次又对他说，约拿的儿子西门，你爱我吗？ 他说：主啊，是的，你知道我爱你。 他对他说，喂养我的羊。 他第三次对他说，约拿的儿子西门，你爱我吗？ 彼得因第三次对他说，你爱我，就忧愁。 耶稣对他说，主阿，你凡事都知道。你知道我爱你。 耶稣对他说，喂养我的羊……"（约翰福音 21:14 -17）。 谁任命人类牧羊人？ 神做到了。 "……我要照着我自己的心赐给你们牧人，他们要用知识和悟性引导你们……"（耶利米书 3:15 KJV）。 "……他是我的牧人，必成就我一切所喜悦的……"（以赛亚书 44:28 KJV）。

____

____

____

11.以下经文说，人类牧羊人对羊的责任是什么？ "……像牧人一样引导他们，把他们永远抱在怀里……"（诗篇 28: 9）。 "……祂必像牧羊人一样牧养羊群，用膀臂收取羊羔，抱在怀里；温柔地引导母羊……"（以赛亚书 40:11 NASB）。 "……你必牧养我的民以色列……"（撒母耳记下 5: 2）。 "……我民以色列的牧人……"（撒母耳记下 7: 7）。

____

____

____

12.是否所有的牧羊人都遵守神的命令，正确地喂养羊？ "……我人民的牧羊人失去了理智。 他们不再寻求主的智慧。 因此，他们完全失败，他们的羊群四散……"（耶利米书 10:21）。 "……我百姓的领袖-- ……他的牧人--是瞎眼无知的。 它们就像沉默的看门狗，在危险来临时不发出警告。 他们喜欢躺着，睡觉和做梦……"（以赛亚书 56:10 KJV）。 "……他们是贪婪的狗，永远不会有足够的，他们是牧羊人不能理解：他们都指望自己的方式，每个人都为他的利益，从他的住处……"（以赛亚书 56：11 KJV）。 "……你们的牧人睡了……"（那鸿书 3:18 NLT）。 "……他们如同无耻的牧人，只顾自己……"（犹大书 1:12）。 是非题：教会及其牧师应反映羊群及其牧羊人。 "……你们要保守自己和神的百姓。 喂养和牧养神的羊群--祂的教会，是用祂自己的血买来的--圣灵已经任命你们为领袖……"（使徒行传 20:28 KJV）。

____
____
____

13.谁打开教会的门，让神的神职人员进入神的殿？ "……看门人为〔牧人〕开门……从〔门〕进来的人……必得救……"（约翰福音 10：1-10）。 "……从门进去的，就是羊的牧人……"（约翰福音 10：2）。 "……看门人为〔牧人〕开门……"（约翰福音 10: 1-10）。 当牧羊人进入教会大门时，进入什么是象征性的？ "耶稣说……我就是道路、真理、生命……"（约翰福音 14: 6）。 "……你的道就是真理……"（约翰福音 17:17）。 "……你们必晓得真理，真理必叫你们得以自由……"（约翰福音 8:32）。 "我就是门……"（约翰福音 10: 9 KJV）。 "……凡不从门进羊圈，从别的路爬上去的，就是贼，是强盗……"（约翰福音 10：1）。 "我就是门……"（约翰福音 10: 9 KJV）。 "……我就是门……"（约翰福音 10: 1-10）。 "……耶稣对他说，我就是道路……若不藉着我，没有人能到父那里去……"（约翰福音 14：6）。

____
____
____

14.让人类牧羊人有能力藉着内住的圣灵牧养羊群吗？ "……是神在〔牧师〕中工作，……在意志和行动中实现祂的美好目的……"（腓立比书 2:13 NIV）。 "……赐平安的神……那伟大的羊群牧羊人，装备〔牧师〕……一切善于遵行祂旨意的，愿祂通过耶稣基督在〔他们〕中工作……祂所喜悦的……"（希伯来书 13:20 -21 NIV）。

____
____
____

15.门代表耶稣吗？ 引领者是简单地打开教会的门，还是敞开通往耶稣的道路？ "……我就是门；'靠着我'，若有人进去，他就必得救……"（约翰福音 10: 9 KJV）。 "……神向外邦人开了信心的门……"（使徒行传 14:27）。 "……有一个妇人名叫吕底亚……听见我们说：主开启了她的心……"（使徒行传 16:14）。 "……也为我们祷告，求神给我们开一扇言语的门……"（歌罗西书 4: 3 KJV）。 "……看哪，我在你面前设立了一扇敞开的门，没有人能关上……（启示录 3: 8 KJV）。 "……我为你们开了一扇门，是没有人能关上的……"（启示录 3: 8 NLT）。 "……若不藉着我，没有人能到父那里去……"（约翰福音 14: 6 KJV）。

____
____
____

16.绵羊正在喂养的食物是什么？ "所有的经文都是神所默示的，对教义、责备、纠正、教导义都是有益的……"（提摩太后书 3:16 KJV）。 "……耶和华的律法完全，能使人皈依；耶和华的见证确实，能使愚人有智慧。 耶和华的律例正直，能使人心欢喜。耶和华的诚命清洁，能使人眼目明亮。 敬畏耶和华是清洁的，永远长存。耶和华的典章全然真实，全然公义。 他们比金子更可羡慕，是的，比许多精金更可羡慕：也比蜂蜜和蜂窝更甜。 你的仆人也被他们警戒。看守他们，就有丰厚的赏赐。 谁能理解他的错误？求你洁净我，使我脱离隐秘的错误。 求你使仆人远离妄自尊大的罪，不容他们辖制我。这样，我必成为正直，必成为无辜，远离大过犯。 耶和华我的力量，我的救赎主啊，愿我口中的言语，心中的默想，在你眼前蒙悦纳……"（诗篇 19: 7-14 ）。

____

____

____

17.谁有幸打开机会之门，聆听神的使者、神的信息，并接受神的救恩？ "……为……[牧人、羊和访客] ……打开大门"（约翰福音 10 ： 1-10 ）。 "……羊认出了他的声音，来到他跟前。 他叫着自己的羊的名字，领他们出去。 他聚集自己的羊群后，走在他们前面，他们跟随他，因为他们知道他的声音。 他们不会跟随陌生人……"（约翰福音 10: 1-10 ）。 "……我必将合我心意的牧人赐给你们，他们必以知识和悟性引导你们……"（耶利米书 3:15 KJV ）。 "……为…… [牧人、羊和访客] ……打开大门"（约翰福音 10 ： 1-10 ）。

____

____

____

第 8 章

守门人打开大门

"……我就是门……"（约翰福音 10: 1-10 ）。 "……耶稣对他说，我就是道路……若不藉着我，没有人能到父那里去……"（约翰福音 14 ： 6 ）。

经文： "……我就是门……"（约翰福音 10: 1-10 ）。 "我就是门……"（约翰福音 10: 9 KJV ）。 "……我就是道路……"（约翰福音 14: 6 KJV ）。

课程的目的或目标： 了解引领的历史，了解引领者的忠诚

课程的应用： 在你的召唤中，作为引导者，实践忠诚

主题讨论： 学习引领不仅仅是打开教会的门，也是打开机会之门：耶稣提升了守门或引领的地位。 打开通往圣殿或教会的门或门，具有全新的含义或视角，因为耶稣说："……我是羊的门（门）……"（约翰福音 10: 1-10 NASB ）。神的使者不仅仅是打开门或门，而是为耶稣打开道路或机会，耶稣是门或门。 "我就是门……"（约翰福音

10: 9 KJV）。 "……我就是大门。 ……凡从我进来的，必然得救……"（约翰福音 10: 1-10）。

"……耶稣说……我就是道路（门）……"（约翰福音 14: 6 KJV）。 在比喻中，耶稣是第一个进门的。 "……但从门进来的是羊的牧人……"（约翰福音 10: 1-10）。 耶稣还向引导者表明， "……羊的牧人……"是"……从门进来的……"和"……〔引导者〕……为他开门……"（约翰福音 10: 1-10 NASB）。 耶稣是首席牧羊人，但他也呼召人类成为牧羊人；他们被称为牧师或长老。 "……因此，我劝勉你们中间的长老，作为你们的长老同伴……在你们中间牧养神的羊群，不是在强迫之下，而是根据神的旨意，自愿地进行监督；不是为了肮脏的收获，而是渴望；也不是主宰那些分配给你们的人，而是证明是羊群的榜样。 当牧首出现时，你将获得永不褪色的荣耀冠冕。 ……愿平安归与你们所有在基督里的人……"（彼得前书 5: 1-4）。 牧师也"……作为你的长老同伴……"从大门/门进来，像其他人一样，他们也必须沿着这条路走。（彼得前书 5: 1-4 NASB）。 "……我就是门……凡从我（耶稣）进来的，必然得救……"（约翰福音 10： 1-10）。 "……耶稣说……我就是道路……"（约翰福音 14: 6）。 神指派牧羊人到他的羊群中，这样他的羊群就可以通过牧师或长老不断地听到"他的"声音。 "……我必将合我心意的牧人赐给你们，他们必以知识和悟性引导你们……"（耶利米书 3:15）。 "……他给了一些……牧师（牧羊人）和教师……"（以弗所书 4:11）。 "……我必立牧人牧养他们……耶和华说……"（耶利米书 23: 4 KJV）。

"……我必立一个牧人管理他们，牧养他们，就是我的仆人大卫；他必牧养他们，作他们的牧人……"（以西结书 34： 23）。 牧羊人/牧师进入大门，作为神信息的喉舌（声音）来牧养或喂养羊群。 "……那……〔引路人〕……为他开了门……"（约翰福音 10: 1-10）。 牧羊人向羊传达神的信息。 "……羊认出他（神）的声音，来到他跟前。 他叫着自己的羊的名字，领他们出去。 他聚集自己的羊群后，走在他们前面，他们跟随他，因为他们知道他的声音。 他们不会跟随陌生人；他们会逃避他，因为他们不认识他的声音……"（约翰福音 10: 1-10）。 "……〔引路人〕……开门……我就是羊的门……凡从我进来的，必然得救……"（约翰福音 10: 1-10）。 "我就是门……"（约翰福音 10: 9 KJV）。 "……我就是门……"（约翰福音 10: 9 NASB）。 这节经文对引领者来说意义深远。 引领事工远不止是一套既定的或有组织的规则、义务、守则和条例。 "……无论你们（引领）做什么（例如打开教会的门），都要奉主耶稣的名去做……"（歌罗西书 3:17 KJV）。因此，引领者"不是"简单地打开教会的门，而是在打开通往耶稣的道路。 "…… [引领者] ……打开大门……我就是羊的门……"（约翰福音 10: 1-10 NASB）。 如果我们将引领者的责任限制为仅仅打开教会的物理门，我们将错过他们上帝赐予的令人敬畏的地位。 "……我就是羊的门……"（约翰福音 10: 7）。 "……我就是门……那些从我进来的人（耶稣） ……必得救……"（约翰福音 10: 1-10 KJV）。 "……我就是门……"（约翰福音 10: 9 NASB）。 "……耶稣说……我就是道路……"（约翰福音 14: 6 KJV）。

打开教会之门

1.当引领者打开教会的实体门时，他或她在做什么？ 当引领者打开教会的物理门时，他或她在灵性上做了什么？ "……我就是羊的门……"（约翰福音 10: 1-10）。 "我就是门……"（约翰福音 10: 9 KJV）。 "……我就是大门。 ……凡从我进来的，必然得救……"（约翰福音 10: 1-10）。 "……耶稣说……我就是道路（门）……"（约翰福音 14: 6 KJV）。

____

____

____

2. 在比喻中，谁是第一个进入大门的人？ "……但从门进来的是羊的牧人……"
（约翰福音 10: 1-10）。 "……当牧首显现时……"（彼得前书 5: 4 KJV）。 "……
羊的牧者……"是"……从门进去的……"（约翰福音 10: 1-10 NASB）。 耶稣先进门
吗？ "……耶稣已经作我们的先行者……"（希伯来书 6:20 NASB）。 在旧约中，神
的存在是否先于祂的子民？ "……耶和华亲自在你们（他的百姓）前面行……"（申
命记 31: 8）。 当引领者打开教会的门时，他们是否也象征性地欢迎羊、牧羊人和访客
进入神的神圣存在？ 解释。 "……基督没有进入人手所造的圣所……他现在进入天堂，
代表我们显现在神面前……"（希伯来书 9:23 -24 NASB）。 "……这种希望是我们灵
魂强大而值得信赖的锚。 它带领我们穿过窗帘，进入神的内在圣所。 耶稣已经为我们
进去了。 他成了我们永远的大祭司（或牧人）……"（希伯来书 6:19 -20）。 "……
耶稣又大声喊叫，交出他的灵。 看啊，圣殿的面纱从上到下被撕成两半；大地震动，
岩石裂开……"（马太福音 27:50 -51 NASB）。

"……祭司……日复一日站在坛前，一再献上同样的祭……"（希伯来书 10:11）。
"……所以，弟兄们，既然我们有信心借着耶稣的血，借着祂通过幔子为我们开启的
一条新的活路，就是祂的肉体，进入圣所……"（希伯来书 10:19 -20 NASB）。
"……亲爱的弟兄姊妹们，因为耶稣的宝血，我们可以大胆地进入天上的至圣所。 耶
稣死后，开辟了一条新的赐生命的道路，穿过幔子进入至圣所……"（希伯来书
10:19 -20 NLT）。

"……〔耶稣〕……神的羔羊，除去世人罪孽的！」（约翰福音 1:29 NASB）。
"……在旧约之下，祭司日复一日地站在祭坛前服事，一次又一次地献上同样的祭，
永远不能除罪……"（希伯来书 10:11）。 "……耶稣，借着他通过幔子为我们开创
的一条新的活路，就是他的肉体……"（希伯来书 10:19 -20 NASB）。 "……耶稣死
后，开辟了一条新的、赐生命的路，穿过幔子进入至圣所……"（希伯来书 10:19 -
20）。 神的引导者、神的牧人和神的羊应该如何进入敬拜？ "……主啊，听见欢乐的
敬拜召唤的人有福了，因为他们必行在你同在的光中……"（诗篇 89 篇 15 节）。
"……耶和华已经除去他们的罪……"（罗马书 4: 8 NASB）。 "……你们从圣灵领受
了喜乐的信息……"（帖撒罗尼迦前书 1: 6 NASB）。

"……要欢欢喜喜地敬拜耶和华。 来到他面前，欢呼歌唱……"（诗篇 100: 2）。
"……带着感恩进入祂的大门，带着赞美进入祂的庭院（礼拜场所）。 你们要称谢他，
称颂他的名……"（诗篇 100: 4）。 "……在你们院中的一日……"（诗篇 84:10
NLT）。 "……进入……他的院中，赞美他……"（诗篇 100: 4 NASB）。

____
____
____

3.耶稣确立了进入其礼拜场所的标准。 人类牧羊人是要效法他的标准吗？ " "……因
此，我劝勉你们中间的长老，作为你们的长老同伴……在你们中间牧养神的羊群，不
是在强迫之下，而是根据神的旨意，自愿地进行监督；不是为了肮脏的收获，而是渴
望；也不是主宰那些分配给你们的人，而是证明是羊群的榜样。 当牧首出现时，你将
获得永不褪色的荣耀冠冕。 ……愿平安归与你们所有在基督里的人……"（彼得前书
5: 1-4）。 谁为人类牧羊人开门？ "……羊群的牧人……"是"……从门进来的……"
和"…… [引路人] ……为他开门……"（约翰福音 10: 1-10）。 人类牧羊人是否作为
平等的崇拜者进入神的同在？ 是的。解释。他或她也以同伴崇拜者的身份进入神的面
前。 "……作为你的同伴长老……"（彼得前书 5: 1-4 NASB）。 "……我就是门

（门）……那些通过我（耶稣）进来的人将得救……”（约翰福音 10: 1-10 NASB ）。“……耶稣说……我就是道路……”（约翰福音 14: 6 ）。

____

____

____

4.牧羊人是一个鼓舞人心的演讲者，还是他们应该用神的话来养羊？“……我必将合我心意的牧人赐给你们，他们必以知识和悟性引导你们……”（耶利米书 3:15 ）。“……他给了一些……牧师（牧羊人）和教师……”（以弗所书 4:11 ）。“……我必立牧人牧养他们……耶和华说……”（耶利米书 23: 4 KJV ）。“……我必立一个牧人管理他们，牧养他们，就是我的仆人大卫；他必牧养他们，作他们的牧人……”（以西结书 34： 23 ）。羊会通过牧人的声音认出神的声音吗？“……羊认出他（神）的声音，来到他跟前。他叫着自己的羊的名字，领他们出去。他聚集自己的羊群后，走在他们前面，他们跟随他，因为他们知道他的声音。他们不会跟随陌生人；他们会逃避他，因为他们不认识他的声音……”（约翰福音 10: 1-10 ）。

____

____

____

开启机遇之路

5.是一个简单地打开教会门户的引导者，还是他们打开了一生难得的机会？这是什么机会？“……〔引路人〕……开门……我就是羊的门……凡从我进来的，必然得救……”（约翰福音 10: 1-10 ）。“我就是门……”（约翰福音 10: 9 KJV ）。“……我就是门……”（约翰福音 10: 9 NASB ）。如果引领者打开了救赎的机会，他们的事工是否应该局限于规则、职责、守则和法规？为什么或者为什么不呢？“……你们无论作什么（如开教会门），无论作什么，都要奉主耶稣的名作……”（歌罗西书 3:17 ）。

____

____

____

6.为什么打开教堂的门或机会之门是引领者事工中最重要的部分？“……凡从我（耶稣）进来的，必然得救……”（约翰福音 10： 1-10 ）。“……救恩不在别人身上，因为在天下没有赐下别的名，我们可以靠着得救……”（使徒行传 4:12 ）。“……除他以外，别无拯救；因为在天下人间，没有赐下别的名，我们可以靠着得救……”（使徒行传 4： 12 ）。“……除他以外，别无拯救……”（使徒行传 4:12 a NLT ）。引领者不仅打开了救赎的机会之门，而且一个人还能得到什么？“……神爱世人，甚至将他的独生子赐给他们，叫一切信他的，不至灭亡，反得永生”（约翰福音 3： 16 ）。“信主耶稣基督，你和你的家就必得救……”（使徒行传 16:31 ）。“……所以，你们要悔改归回，好叫你们的罪得以涂抹……”（使徒行传 3:19 ）。带领者为神的羊打开了什么机会？“……羊认出他的声音来到他跟前……跟随他……”（约翰福音 10: 1-10 ）。“……在我们主和救主耶稣基督的恩典和知识中成长……”（彼得后书 3:18 NLT ）。

____

____

____

7.羊可以随意进出礼拜场所吗？“……我就是门：人若进来，我必拯救他，使他出入得草场……”（约翰福音 10： 9 ）。

8.作为牧羊人，耶稣做了什么来保护他的羊免受罪的致命疾病？ 他牺牲了自己的生命。羊群的牧羊人实际上躺在羊圈的门或大门前，所以如果小偷或狼试图不恰当地进入，他们必须首先越过他。 "……我为羊舍命……"（约翰福音 10:15 KJV）。 耶稣如何既是牧羊人又是引导者？ "……我是好牧人：好牧人为羊舍命……我为羊舍命……我就是门：若有人进去……他就必得救……"（约翰福音 10 章）。

9.耶稣如何引领牺牲？ "……人为朋友（羊）舍命，人的爱心没有比这更大的了……"（约翰福音 15:13）。 "……父……不是我的旨意，乃是遵行你的旨意……"（路加福音 22：42-43）。 "……〔耶稣来〕……是要服侍人，并献出自己的生命……"（马太福音 20:28 KJV）。 "……我的神啊，我愿意遵行你的旨意……"（诗篇 40: 8 KJV）。 "……使世人知道……父怎样吩咐我，我也照样行……"（约翰福音 14:31 KJV）。 "……我一定是在处理我父亲的事情？」（路加福音 2:49 KJV）。 是否也在引领牺牲事工？ 解释。"……这样我们就不会像孩子一样不成熟了。 我们不会被新教学的每一阵风所震撼。 当人们试图用谎言欺骗我们时，我们不会受到影响，因为谎言听起来像是事实。 相反，我们将以爱说真话，在各方面越来越像基督……"（以弗所书 4:14 -16 NLT）。 "……效法〔耶稣〕……"（希伯来书 12:14 ；以弗所书 5: 1 ASV）。 "……在这个世界上，我们像耶稣……"（约翰一书 4:17）。

10.耶稣是否证明了引领的事工不再是关于利未家族的，而是现在对任何被"召唤"担任该职位的人的牺牲服务？ "……大卫吩咐利未人的族长指定他们的亲属……俄别以东和耶利，看门人……"（历代志上 15:16 -18） "……人舍命，人的爱心比这更大……"（约翰福音 15:13 KJV）。 "……我是好牧人：好牧人为羊舍命（躺在门前）……"（约翰福音 10:11 KJV）。 "……基督不喜悦自己……"（罗马书 15: 3 KJV）。 "……在这个世界上……是……〔要〕……像耶稣……"（约翰一书 4:17）。

11.圣经中有哪些带领者的任务可以帮助他们像耶稣一样？ "……藉着神的怜悯……将你们的身体当作活着的祭祀……献给神……"（罗马书 12: 1 KJV）。 "……彼此相爱，像我爱你们一样……"（约翰福音 13:34 -35 KJV）。 "……"我"放下我的生命……没有人把它从我身上夺走，但"我"（出于选择）放下了自己。 "我"有权柄（选择权）放下它，我有权柄（选择权）再次接受它……我从我父领受了这条诫命……"（约翰福音 10:17 -18）。 "……我实实在在地告诉你们，你们既然向这其中最小的一个，就是我的…… [羊] ……你们向我做了……"（马太福音 25:40 KJV）。 "……无论〔带领者〕做什么，〔让他或她〕……全心全意地去做，就如同向主，而不是向人……"（歌罗西书 3:23 KJV）。 "我就是道路……"（约翰福音 14: 6 KJV）。

12.引领者要确信耶稣是救恩之路，这很重要吗？"……我实实在在地告诉你们，凡不从门进羊圈，从别的路爬上去的，就是贼，是强盗……"（约翰福音 10：1）。基督徒引领者应该知道如何得救？"……耶稣说……我就是道路……"（约翰福音 14:6）。"……救恩不在别人身上，因为在天下人间，没有赐下别的名，我们可以靠着得救……"（使徒行传 4:12）。"……耶稣说……我就是道路……"（约翰福音 14:6）。所有经过那条路的人都会得救。"……我就是门（路）：若有人进去，就必得救……"（约翰福音 10：9）。耶稣是如何成为救恩之路的？他献出了自己的生命作为赎金。"……人子来'不是要'受人服侍，而是要服侍别人，并献出自己的生命作为许多人的赎价……"（马太福音 20:28 NIV）。"……根据经文，基督为你们的罪而死；……他被埋葬了，……根据经文，第三天复活了："（哥林多前书 15: 3-4 KJV）。谁敞开基督教会的大门，给别人得救的机会？"……〔引路人〕……开了门……"（约翰福音 10: 1-10）。"……我就是羊的门……凡从我进来的，必然得救……"（约翰福音 10： 1-10）。

____

____

____

13.基督徒领袖在开启教会大门时，应该记住什么？"……耶稣说……我就是道路……"（约翰福音 14:6）。"……凡接待他的，就赐给他们权柄，叫他们作神的儿子（羊），就是信他名的人……"（约翰福音 1： 12）。"……凡从我进来的，必然得救……"（约翰福音 10： 1-10）。"……凡从我进来的，必然得救……"（约翰福音 10： 1-10）。"我就是道路……"（约翰福音 14: 6 KJV）。

____

____

____

14.当你回答了以下问题并接受耶稣基督为他们的救主时，你就得救了：彻底讨论每个问题。

1.）您是罪人吗？"……因为人都犯了罪，亏缺了神的荣耀……"（罗马书 3:23 KJV）。"……如经上所记，没有义人，没有义人，没有义人；没有明白的，也没有寻求神的。他们都偏离正道，一同变为无益；没有行善的，连一个也没有……"（罗马书 3:10 -12 KJV）。

2.）违背神的罪的代价是什么？"……罪的工价就是死……"（罗马书 6:23 KJV）。"……你们必死在你们的罪中；因为你们若不信我是耶和华，就必死在你们的罪中……"（约翰福音 8:24）。

3.）如果你认识到你是一个罪人，并为你的罪感到抱歉；你能改变吗？「……你们要悔改，相信福音……」（马可福音 1： 15）。"……所以你们当悔改归正，使你们的罪得以涂抹……"（使徒行传 3:19）。"……向神悔改，向我们的主耶稣基督有信心。……」（使徒行传 20:21 KJV）。

4.）你能从罪中得救吗？"……神爱世人，甚至将他的独生子赐给他们，叫一切信他的，不至灭亡，反得永生"（约翰福音 3： 16）。"信主耶稣基督，你和你的家就必得救……"（使徒行传 16:31）。"……所以，你们要悔改归回，好叫你们的罪得以涂抹……"（使徒行传 3:19）。

5.）你相信基督为你的罪而死，被埋葬，然后复活了吗？"……根据经文，基督为我们的罪而死；……他被埋葬了，……根据经文，他第三天复活了……"（哥林多前书 15: 3-4 KJV）。 "……神称赞他对我们的爱，因为在我们还是罪人的时候，基督为我们而死……"（罗马书 5: 8 KJV）。 "……相信神已经叫他从死里复活，你必得救……"（罗马书 10: 9 KJV）。

6.）为什么相信耶稣的死、埋葬和复活很重要？ 流血是神所吩咐的，作为赦罪的赎罪祭。"……不流血就不得赦免"（希伯来书 9:22 KJV）。 "……看哪，神的羔羊，除去世人罪孽的"（约翰福音 1:29 KJV）。 "祂是我们罪的赎罪祭……"（约翰一书 2: 2）。 他的死偿还了神对你的"罪债"。

7.）你想用你的口承认耶稣，在你的心中相信他吗？ "……口里承认主耶稣，……心里相信神已经叫他从死里复活，你必得救……"（罗马书 10: 9 KJV）。 "……因为人心里信义，口里认罪得救……"（罗马书 10 ： 10 ）。 "……因为凡求告主名的，就必得救……"（罗马书 10:13 KJV）。 "……所以你们当悔改归正，使你们的罪得以涂抹……"（使徒行传 3:19）。

8.）救恩何时开始？ 就在你「……悔改……相信福音……」的那一刻（马可福音 1： 15）。 一旦你悔改并相信自己从罪的后果及其影响中获救。

9.）你能在其他地方找到救恩吗？ "……救恩不在别人身上，因为在天下人间，没有赐下别的名，我们可以靠着得救……"（使徒行传 4： 12）。 "……耶稣对他说，我就是道路、真理、生命；若不藉着我，没有人能到父那里去……"（约翰福音 14： 6）。 "……你们得救是木乎恩，也因着信；这不是出于自己，乃是神所赐的；也不是出于行为，免得人得荣耀……"（弗 2: 8-9）。 "……除他以外，别无拯救……"（使徒行传 4:12 a NLT）。 "……耶稣对他说，我就是道路、真理、生命；若不藉着我，没有人能到父那里去……"（约翰福音 14: 6）。 "……你们得救是本乎恩，也因着信；这不是出于自己，乃是神所赐的；也不是出于行为，免得人得荣耀……"（弗 2: 8-9）。 "……除他以外，别无拯救……"（使徒行传 4:12 a NLT）。 如果您对上述问题 7 的回答为"是"，并按其说法行事，您就得救了。 "……因为凡求告主名的，就必得救……"（罗马书 10:13 KJV）。 「……悔改……并相信福音……」（马可福音 1： 15）。 "所以若有人在基督里，他就是新造的人：旧事都过去了；看哪，万事都变成新的了"（哥林多后书 5： 17）。 "……所以，我们既因信称义，就藉着我们的主耶稣基督与神有平安……"（罗马书 5: 1 KJV）。 "……所以，在基督耶稣里的人，现在没有定罪……"（罗马书 8: 1 KJV）。 你需要受洗吗？ "……彼得对他们说：'你们各人要悔改，奉耶稣基督的名受洗，叫你们的罪得赦；你们就必领受圣灵的恩赐……。"（使徒行传 2:38 NASB）。 "……他们承认自己的罪，在约旦河里受了耶稣的洗……（马太福音 3: 6）。 "……信而受洗的必然得救；不信的必被定罪……"（马可福音 16： 16）。 如果你真的悔改、相信并接受他为你的主和救主，你就得救了。 仅此而已。 "……因为凡求告主名的，就必得救……"（罗马书 10:13 KJV）。 「……悔改……并相信福音……」（马可福音 1： 15）。

如果您是新皈依者，您需要找到一个教会家庭，教授圣经基础知识。 开始为自己学习圣经。 祈求上帝帮助你过上新的悔改生活方式。 "……你们必须在我们的主和救主耶稣基督的恩典和知识中成长。 所有的荣耀都归给他，无论是现在还是永远！ 阿门……"（彼得后书 3:18 NLT）。 如果你是一个长期的信徒，但从未真正过过悔改的生活，你需要祈祷并相信神在你里面和通过你工作。 "……我名下的百姓若谦卑……转离恶道……"（历代志下 7:14）。 "……庄稼已经过去，夏天已经结束，我们还没有得救……"（耶利米书 8:20 KJV）。 神通过耶稣基督拯救你。 你在羊圈里。 你是神的羊。 你没有加入一个宗教、一个组织、一个民族或一个文化团体；你加入了耶稣基督。"……与主联合的，就是一个灵……"（哥林多前书 6:17 ）。 一旦与耶稣基督结合，你就改变了，拥有了与基督形象相一致所需的一切。 "……效法他儿子的形象……"（罗马书 8:29 KJV ）。 "……我们都……从荣耀变为荣耀……"（哥林多后书 3:18 KJV ）。 "……因着神的恩典，我就是我……"（哥林多前书 15:10 ）。

____

____

____

15.通过角色扮演和假装引导对方归向基督来转身。 罪人祷告的例子：亲爱的上帝，请怜悯我，因为我知道我是一个罪人。 根据你的爱，你差遣了你的儿子，根据你奇妙的恩典，他带走了我所有的罪。 我呼求耶稣的名，洁净我所有的罪。 我承认并相信或依靠耶稣基督，祂在十字架上背负我的罪，祂为我的罪付出代价，并为我永恒的救恩而复活。 我悔改并相信福音，奉耶稣的名。 在你与某人一起祈祷后，罪人会从他们的罪债中得救吗？ 解释。"……因为凡求告主名的，就必得救……"（罗马书 10:13 KJV ）。「……悔改……并相信福音……」（马可福音 1： 15 ）。 如果引导者带领某人归向基督，会发生什么？ "……使罪人脱离错误道路的人，必救自己的灵魂脱离死亡，并遮盖众多的罪……"（雅各书 5:20 ）。 "……爱能遮盖一切的罪……"（箴言 10:12 KJV ）。 "……要彼此相爱，因为爱能遮盖众多的罪……"（彼得前书 4: 8 NLT ）。 "……当你们顺服真理时，你们的罪就被洁净了，所以现在你们必须像兄弟姐妹一样真诚地彼此相爱。 全心全意彼此相爱……"（彼得前书 1:22 NLT ）。

____

____

____

16.真假：当基督徒带领"打开"教会的门时，他们也在打开通往"耶稣。」是真的。「……我就是门……」（约翰福音 10: 7 KJV ）。 "我就是道路……"（约翰福音 14: 6 KJV ）。 "……除他以外，别无拯救……"（使徒行传 4:12 a NLT ）。 "……〔引路人〕……开门……我就是羊的门……凡从我进来的，必然得救……"（约翰福音 10: 1-10 ）。

____

____

____

关于作者

彭萨科拉·H·杰斐逊博士（Pensacola Helene）从 12 岁开始在亚利桑那州凤凰城长大，但他是内布拉斯加州奥马哈人，对青春期早期的写作很感兴趣，拥有看似无限的想象力和语言诀窍。《突如其来的夏日微风》是她在神秘悬疑三部曲中的第一部小说，其中还包括《错误的清白》和《苦涩的甜味》。新的平装书版本是"没有比这更大的爱了"和"显而易见的真相"（2016 年 3 月）。她最近还出版了一本名言书（激起和平装版）《彭萨科拉的智慧之珠》于 2016 年 4 月发行，三本新的鼓舞人心的书（激起和平装版）《转化爱情》于 2016 年 3 月发行，《转化亲密》于 2016 年 6 月发行，《转化 转化爱与转化痛苦的学生工作簿和教师指南于 2016 年 8 月和 2016 年 9 月发布。转变亲密关系的工作簿和指南于 2016 年 11 月发布。"转化您的资源"于 2016 年 12 月发布。2016 年 12 月发布的"转化资源"教师指南和学生工作簿。新的鼓舞人心的书籍"通过你心灵的更新而改变"和"2017 年 1 月发布的伟大救赎"。"过程目的"于 2017 年 2 月发布。"将基督教带回 2017 年 3 月发布。「信心的量度」和「施舍，也必赐给你们：施舍什么？」于 2017 年 4 月发布。"你是有福的，你是有福的"2017 年 6 月发布。"一个不被爱的女人于 2017 年 7 月被释放。《守门人：引座员》2017 年 8 月发售。"你把他放在哪里了？：延迟的希望"2017 年 8 月发布。「耶和华的喜乐：我的力量？"2017 年 9 月发布。留置精神：保证副作用" 2017 年 9 月发布。选择：生或死于 2017 年 10 月 优越感的颜色是……神圣于 2017 年 11 月发布。 2017 年 12 月发布的"信仰的措施"一书的教师和学生工作手册。"你已经离开了 2018 年 1 月发布的初恋。"如何识别真爱"于 2018 年 2 月发布。2018 年 3 月发布的"如何识别真爱"教师和学生工作簿。她目前正在研究"迹象、奇迹和奇迹"。"她在" www.pensacolahelene.blogspot.com "上发现的富有想象力和鼓舞人心的博客也特别受欢迎，或者您可以在那里找到她的书的摘录。此外，您可以在 Facebook 上为她点赞：https://www.facebook.com/PensacolaHelene 彭萨科拉·海伦（ Pensacola Helene ）的家位于马里兰州科尔顿角。她的参考书目可在 www.yadacounselling.com 上找到

作者的其他书籍
小说标题
突如其来的夏日微风
三部曲第 1 部分
错误的清白
突如其来的夏日微风三部曲第 2 部分
苦涩的甜味
突如其来的夏日微风三部曲总结
没有比这更大的爱了
第 1 部分
显而易见的真相
第 2 部分

学术头衔
自我认同的基督徒对宗教承诺和宗教取向的关注
共同创作的鼓舞人心的作品
与作家罗伯特杰斐逊（Robert L. Jefferson）一起探索超越
与作家 Ruby M. Jefferson 一起探索彭萨科拉的智慧之珠

鼓舞人心的头衔
转化爱情
转化亲密关系
转化痛苦
转变您的资源
通过心灵的更新而改变
大救赎
收回基督教
流程的目的
信心的尺度
给予，它将被还给你：给予什么？
你是有福的，你是有福的。
作弊者：不仅仅是不忠
一个不受爱戴的女人
守门人：引领者
你把他放在哪里了？延迟的希望
主的喜乐：我的力量？
留宿精神：有保证的副作用
选择：生死攸关
在死亡之路上选择生命之路
颜色或优越性是……神圣的
荣耀，什么意思？
信心的量度：信心的灵或圣灵
你离开了你的初恋（新）
如何识别真爱（新）
用心灵和真理敬拜（即将推出）
迹象、奇迹和奇迹（即将推出）
神的话语（即将推出）

工作簿
转化爱情：教师指南
转化爱情：学生工作簿
转变亲密关系：教师指南
转变亲密关系：学生工作簿
转化痛苦：教师指南
转化痛苦：学生工作簿
转变您的资源：教师指南
转变资源：学生工作簿
信心的尺度：信心的灵或圣灵教师指南
信心的量度：信心的灵或圣灵学生的工作簿
如何识别真爱：学生工作簿（新）
如何识别真爱：教师指南（新）

守门人：Ushers 教师指南（新）
守门人：Ushers 学生工作簿（新）
迹象、奇迹和奇迹教师指南（即将推出）
迹象、奇迹和奇迹学生工作簿（即将推出）